子どもたちの創造力を育む
総合的な学習の時間

冨澤 美千子 著

大学教育出版

まえがき

　本書は、総合的な学習の時間の新たな捉え方を提示し、従来の定型化された実践とはちがう独自なアプローチによって生み出されている実践例を挙げて検討し、総合的な学習の時間の新たな実践のあり方について提案しようとするものである。

　また本書は、教職課程の新カリキュラムにおいて必修科目となった「総合的な学習の時間の指導法」を学ぶテキストとして出版したものである。それとともに、本書は、総合的な学習の時間の意義を見直し、問い直し、考え直して、その新しいあり方を模索するための研究書、専門学術書として、学校現場の教師や管理職、大学の研究者、大学院生などを対象に出版したものでもある。

　総合的な学習の時間は、教育課程の新たな領域として設置されてから、20年の時間が経過した。しかし、その20年の間に、総合的な学習の時間の実践は、各学校において発展、充実してきたというよりも、むしろマンネリ化とルーティン化によって閉塞状況に陥ってきたといえるだろう。本書は、そうした閉塞状況を打開するために、理論的には、総合的な学習の時間についての従来のコンセプトとは異なる新たな捉え方を提示し、総合的な学習の時間に関する新しい像を描き出そうとするものである。また、実践的には、従来の定型化された実践とはまったく異質なアプローチによって代替案といえるものを生み出している、大阪府吹田市立の小学校数校で持続的に発展してきている伝統野菜「吹田くわい」の実践と、岐阜県岐阜市立長良小学校の「こどう」と名付けられた総合的な学習の時間の実践を取り上げ、新たな総合的な学習の時間のあり方について提案することを試みるものである。

　2020年度教育改革で重視されたことは、教育課程がすでにあるものではなく、子どもたちの学びの軌跡によって創り出されるものであるという捉え

方である。そのため、資質・能力の3つの柱に基づき、「何ができるようになるか」について、具体的に明らかにすることが、教育課程の編成と実施のコアにならなければならない。こうした中で、総合的な学習の時間においては、教科横断的に探究的な学習を協働的に行うことが求められている。

　現在出版されている総合的な学習に関する書籍の圧倒的多数について言えば、それらは共通して、「教科横断的に学習をつくる方法」や、「探究的な学習」の「探究のプロセス」の段階的な方法を明らかにすることに偏したものとなっているように見受けられる。しかし、本書は、そのように総合的な学習の時間を実施するためのハウツーやテクニックを示すものではなく、むしろ総合的な学習の時間のあり方を根本的に転換する提案を行い、同時にそれが実践においてどのように具現できるのかについて、検討を進めてみようとしたものである。

　総合的な学習の時間は、その導入時に、「自ら学び、自ら考え、主体的に判断し、より良く問題を解決する資質や能力を育成する」（1998年改訂小学校学習指導要領「総合的な学習の時間」）ことを目標にした学習として出発した。「自ら学び」「自ら考え」ることは、それを授業で子どもたちが実際に行わなければ、決して育成できないであろう。そのためには、教科学習に見られるような、問題を与え何度も繰り返し練習させて習熟させる方法ではなく、他の学びのあり方が必要になる。ところが筆者の知る限り、総合的な学習の時間は、あらかじめ定型化された単元が決められており、それを各学年が毎年踏襲する形で実践されている例が多い。それが良くない方法であるというのではない。しかし、踏襲したからやらなければならない教師と、教師に言われてやらされている児童・生徒が、良い授業を創り出せるわけがない。踏襲した定型的な授業を教科横断的になっているか確認し、探究のプロセスに当てはめれば、それで自動的に自ら学び、自ら考える授業になるのであろうか。筆者はそのようにしても、本当に自ら学ぶ授業にするのは難しいと考える。教師は学校の授業について、子どもたちが決まった知識やスキルを受容的に獲得する学習と、自ら考え創造していく学習の、まったくあり方

の異なる2つのベクトルが必要であることを意識しなければならない。本書では、総合的な学習の時間が後者を担う教育活動の領域であることを理論的に明確にし、子どもたちに「任せる」という、教科指導とは完全に異質な教育実践のあり方を求めるものであることを強調していきたい。

そのさい、本書では、近代日本を代表する教育実践家のひとりである野村芳兵衛（1896年-1986年）が大正自由教育の時代に実践的に提起した教育構想を、日本における総合的な学習の時間の教育思想史的な淵源として捉え、その解説を行うことを試みる。明治期に成立した画一主義的な注入教授である臣民教育から、子どもの自発性を重んじた自由主義的な教育へと教育改造運動が起こる中、野村はその自由主義的教育を学ぶことによって真の教育について理解したいと考え、東京・池袋児童の村小学校へ赴任した。しかし、児童の村小学校の教育は、4つの自由（教師・場所・教材・時間）が認められているため、現実の子どもたちがまったく机に向かって学習しない様子に直面し、「自由」教育とは単なる放任のことなのかと深く悩み激しく葛藤することになる。ところが野村はある時、子どもたちが自分で問題を見付けて自分で学ぶ姿を発見し、そのことの意義に気づかされていくのである。つまり学びには「任せる」ことも必要であると悟るのである。その上で野村は、学校の教育課程を考えた時、教師が教える時間と子どもが自分たちで問題を見付けて解決する時間を、どちらも位置付けていく必要性を捉えていくのである。具体的に言えば野村は、学校の教育課程を、大人の文化を伝承する時間「読書科」と、子どもの文化を創造する時間「生活科」と、それらを融合した時間「表現科」に分けて考えたのである。その内容が具体的に何かということを、現代で考えると、「読書科」は算数や国語などのいわゆる主要教科であり、「生活科」は特別活動や総合的な学習の時間、「表現科」は体育や図工（美術）や音楽のようないわゆる副教科に対応するものであった。

岐阜市立長良小学校では、第二次世界大戦直後に校長を務めた野村の、こうした教育課程の捉え方を継承し、「こどう」と名付けられた総合的な学習の時間を「ひたる」活動と意味付けて実践している。それは、野村が捉えた

ような子どもの文化を創造する時間「生活科」を、現代において具現化するものとなっており、従来の定型化された総合的な学習の時間にはない、異質なあり方とイメージを私たちにもたらすものとなっている。本書ではそのような、子どもの文化を創造する時間としての総合的な学習の時間において、本当の意味で子どもたちが自ら学び、自ら考える学習を生み出していくことを紹介し、それが実際的、具体的にどのように創り出されているのかを示していく。

　また、筆者は2008年度から10年以上にわたり取り組み、大阪府吹田市立の小学校数校で展開している、なにわ大阪伝統野菜「吹田くわい」の総合的な学習の時間を取り上げ、もうひとつ別の総合的な学習の時間のあり方について検討し、具体的な実践をどのように創り出していくのかを描き出すことにしたい。これは、この伝統野菜「吹田くわい」を守る農家と、それを利用して製品を作るパン工房と、市役所の農業推進部と学校の教師たちが協力して、子どもたちに「吹田くわい」を通して地域を知ってもらおうとする総合的な学習の時間である。ここでは、地域の多様な人材が10年以上にわたり、持続可能な形でどのように協働して子どもたちの活動に協力し、総合的な学習の時間の実践を発展させてきているのかを紹介していくこととしたい。

　現在、筆者の関わった吹田市立小学校5校において、「吹田くわい」をテーマにした総合的な学習の時間の実践が継続されている。その出発点は、2008年度に、吹田市立山手小学校において、「吹田くわい」の総合的な学習の時間の単元開発と体験的な学びの実践創造への取り組みを、学校と協働して開始したことにある。それは筆者にとっては総合的な学習の研究の原点と言えるものである。このプロジェクト学習を企画した時から協力していただき、子どもたちの「吹田くわい」栽培の実体験をご支援いただいている農家の平野紘一さん、山手小学校で教頭・校長を務められ、力強いご支援をいただいた白井俊彦先生、「吹田くわい」を入れたパンづくりを企画し、子どもたちの体験活動をご支援いただいているパン工房ブーランジェリ ミル・ヴィラー

ジュのオーナーシェフである渡辺明生さんには、特に感謝いたしたい。毎年、いかに良い学びにするか、真剣に、何度も話し合いを重ねてきた。そのような仲間がいることや、自分たちの学びを生み出していく具体的な子どもたちが目の前にいることが、現実から遊離することなく地に足を付けて研究を行うことができた理由であると考える。

　また、岐阜市立長良小学校へは、大正新教育の時代に実践家として活躍した野村芳兵衛の足跡を確認したく訪れた。そのことが今の長良小学校で行われている教育実践をリサーチさせていただくきっかけとなったのである。長良小学校の取り組みの中で、総合的な学習の時間「こどう」では、子どもたちの活動に対する没入を、何よりも大事に育む姿勢に感銘を受けた。教師は、このような活動をいかに創り出すことができるのかという関心が、総合的な学習の研究へ大きな影響を与えた。長良小学校の先生方へ心より感謝申し上げたい。

　そして、最後になってしまったが、何度も入稿を先延ばししながらも、その都度ご丁寧にご対応してくださった大学教育出版の佐藤守さんに深く感謝いたしたい。

2021 年 6 月

早稲田の自宅にて

冨澤　美千子

子どもたちの創造力を育む総合的な学習の時間

目　次

第 **1** 章

総合的な学習の時間の意義

第1節　総合的な学習の時間の導入と経緯

　小学校における総合的な学習の時間は、平成 10（1998）年改訂・平成 14（2002）年実施の学習指導要領改訂時に導入された。なぜこのような学習が考えられたのであろうか。総合的な学習の時間を導入する前の学習指導要領の改訂の目的からその理由を探っていこう。

（1）　総合的な学習の時間導入前段階の教育のおかれた状況

　小学校では、昭和 43（1968）年に改訂された学習指導要領は、昭和 46（1971）年に実施となる。その時の中学校の学習指導要領は、昭和 44（1969）年改訂・昭和 47（1972）年実施、高等学校の学習指導要領は昭和 45（1970）年改訂、昭和 48（1973）年に第 1 学年から学年進行で実施された。

　この時の学習指導要領は、「現代化カリキュラム」と呼ばれ、極めて内容が多い濃密なカリキュラムであった。それは、アメリカにおける「スプートニクショック」の影響を受けている。1957（昭和 32）年、ソビエト連邦がアメリカに先駆けて人工衛星スプートニク 1 号を打ち上げた。アメリカ政府は、ソビエト連邦に対抗するために学校教育を充実し、科学技術を発展させようとしたのである。これに伴って「教育内容の現代化運動」と呼ばれる、小中学校からかなり高度な教育を行おうとする運動が起こる。この運動が日

本にも波及し、濃密なカリキュラムが組まれたのである。のちに、授業が速すぎるため「新幹線授業」などと批判される。公立の学校では、この学習指導要領に従った教科書を消化できず、教科書の内容を一部飛ばすなどして、学習させることができない単元を残したまま進級・卒業をさせる場合もあった。そもそも当時は、公立学校も私立学校も学習内容の規定は、あまり違いがなかった。そのため、学習内容の濃密化が、むしろ公立校における学ぶべき内容の物理的な削減を招き、私立と公立の学力差を広げる結果となる。さらに 1976（昭和 51）年には、学習内容を削減する提言が中央教育審議会で出されたのである。以降、小学校において平成 10（1998）年改訂の学習指導要領まで、学習内容を削減された状態が続くこととなる。

　1990 年代の学校現場では、校内暴力やいじめ・登校拒否などの問題が多発していた。また、学級崩壊という新たな社会問題も起き始めていた。これらの背景には、学校での学習内容の過密だけでなく、ライフスタイルの変化や教育力の低下などさまざまな原因が考えられる。いずれにせよ、このような状況を脱するため、根本的な教育観としての大きな方向性の変化が求められていた。それは教育によって「豊かな人間性」や「生きる力」を重視する考え方への転換である。「生きる力」を身に付けるために、その資質・能力を育む時間のひとつとして、総合的な学習の時間は考えられたのである。

　そのような背景から改訂された小学校における平成 10（1998）年版学習指導要領では、「いかに社会が変化しようと、自分で課題を見つけ、自ら学び、自ら考え、主体的に判断し、行動し、よりよく問題を解決する資質や能力」としての「生きる力」の育成を宣言し、1900 年代後半に世界的に広がりをみせた生涯学習社会への移行を促して行く内容であった。日本においては 1979（昭和 54）年の中央教育審議会にて、技術革新に伴う急激な社会構造の変化に対応するためのキーワードとして「生涯教育」の構想が打ち出された。このようなことから小学校においては、総合的な学習の時間の設置や学校完全週 5 日制、高等学校では情報科や福祉科の設置がなされたのである。

　それではそのような中で、学習指導要領で掲げられた総合的な学習の時間

の教育目標は、どのようなものであったのであろうか。

（2）　総合的な学習の時間の導入時の状況 ― 授業設置の目的 ―

　2002（平成14）年実施の小学校学習指導要領における総合的な学習の時間の教育目標は、次の通りである。

〈平成10年改訂　小学校学習指導要領「総合的な学習の時間」の教育目標〉

> 1　総合的な学習の時間においては、各学校は、地域や学校、生徒の実態等に応じて、横断的・総合的な学習や生徒の興味・関心等に基づく学習など創意工夫を生かした教育活動を行うものとする。
> 2　総合的な学習の時間においては、次のようなねらいをもって指導を行うものとする。
> 　（1）　自ら課題を見付け、自ら学び、自ら考え、主体的に判断し、より良く問題を解決する資質や能力を育てること。
> 　（2）　学び方やものの考え方を身に付け、問題の解決や探究活動に、主体的創造的に取り組む態度を育て、自己の生き方を考えることができるようにすること。

　この教育目標をさらに整理すると、以下の事柄が含まれていることがわかる。

1. 地域や学校、生徒の実態等に応じること。
2. 教科横断的・総合的な学習であること。
3. 生徒の興味・関心に基づく学習であること。
4. 自ら課題を見付け、自ら学び、自ら考え、主体的に判断し、より良く問題を解決する資質や能力を育てること。
5. 学び方やものの考え方を身に付けること。
6. 問題の解決や探究活動に、主体的創造的に取り組む態度を育てること。
7. 自己の生き方を考えることができるようにすること。

　総合的な学習の時間では、このような教育目標の下、各学校で具体的な教育活動を考えることが不可欠であった。子どもたちの発達段階や学校段階、学校・地域の実態を考えて、教師たちが創造性豊かに授業を創ることが求められたのだった。ところが総合的な学習の時間は、これまでの教科とは違い、教科書がない学習である。そのため学校現場では戸惑いや不安が広がった。また、学校差・教師差が出てくることとなった。あるいは、総合的な学習の時間は、時間的ゆとりとしてのみ考えられて、運動会などの練習・準備や、補充学習の時間に当てられることになるケースも出現した。

　そこで実施されて間もない平成15（2003）年、学習指導要領の一部改正がなされ、学習目標・内容・全体計画を作成し、教師が適切に指導を行うことが明記される。また、文部科学省は、授業づくりの指針として、より具体的なイメージを促進するため、その当時世界的に重視されていたテーマである国際理解、環境、情報、福祉・健康を提示した。現代ではこの他に、伝統と文化、キャリア、防災などを加えて、テーマ分類的に内容を考え、実施する傾向がある。いずれにしても以降の総合的な学習の時間では、このようなテーマにおいて、教育目標に則り授業を考えるということが教師の負担を増やすことになると考えられる傾向にあり、今度は、テーマごとに授業をパッケージ化し、それを踏襲していく傾向が見られるようになっていく。

（3）　導入から現在までの状況 ― 学力低下問題と社会的状況の変化 ―

　このようにして総合的な学習の時間は、期待と不安の入り混じった状況で教育現場へ取り入れられていくが、その後も教育の社会的状況を背負う特殊なカリキュラム領域であったと言えるであろう。その時々の学習指導要領改訂については、総合的な学習の時間の導入時の「ゆとり」「個性を生かす教育」「生きる力」というキャッチフレーズへの批判や、反省・再解釈と共に語られるようになるのである。

　1900年代から現れ出した日本の学力低下問題・格差問題は、2002（平成14）年実施の学習指導要領改訂後もさらに広がったとされ、2006（平成18）

年には教育論争がピークを迎えることとなる。経済協力開発機構（OECD）が2000（平成12）年から実施している「生徒の学習到達度調査（PISA）」において、日本の生徒の成績が「読解力」部門において2000年調査では8位だったところ、2003（平成15）年調査では14位に転落したことなどによる。そのため1958（昭和33）年に日本国内で始まり、1960（昭和35）年に中止になった「全国学力・学習状況調査」を47年ぶりに復活させ、2007（平成19）年4月から実施することとなった。

　また、2000年頃から、世界的に能力に対する議論が盛んに行われるようになる。いわゆる資質・能力についての提言である。国際的・国内的に、以下のような提言が挙げられる。

〈資質・能力に関わる提言〉

1.　生きる力（1996年）　第15回中央教育審議会第1次答申

①　基礎・基本を確実に身に付け、いかに社会が変化しようと、自ら課題を見つけ、自ら学び、自ら考え、主体的に判断し、行動し、よりよく問題を解決する資質や能力

②　自らを律しつつ、他人と共に協調し、他人を思いやる心や感動する心などの豊かな人間性

③　たくましく生きるための健康や体力など

2.　PISA学力（2000年）　OECD（経済協力開発機構）

①　読解力：書かれたテキストを理解し、利用し、熟考する力

②　数学的リテラシー：確実な数学の根拠に基づき判断を行い、数学的に携わる能力

③　科学的リテラシー：科学的知識を活用し、課題を明確にし、証拠に基づく結論を導き出す力

④　問題解決能力：問題に対処し解決する力

3.　キーコンピテンシー（2002年）　OECD（経済協力開発機構）

①　社会・文化的、技術的ツールを相互作用的に活用する能力

② 多様な社会グループにおける人間関係形成能力

③ 自律的に行動する能力

4. 人間力（2003 年）　内閣府

① 「基礎力（主に学校教育を通じて習得される基礎的な知的能力）」「専門的な知識・ノウハウ」を持ち、自らそれを継続的に高めていく力。またそれらの上に応用力として構築される「論理的思考力」「創造力」などの知的能力的要素

② 「コミュニケーションスキル」「リーターシップ」「公共心」「規範意識」や「他者を尊重し切磋琢磨しながらお互いを高めあう力」などの社会対人関係的要素

③ これらの要素を十分に発揮するための「意欲」「忍耐力」や「自分らしい生き方や成功を追究する力」などの自己制御的要素

5. 社会人基礎力（2006 年）　経済産業省

① 「前に踏み出す力」（アクション）〜一歩前に踏み出し、失敗しても粘り強く取り組む力〜（主体性・働きかけ力・実行力）

② 「考え抜く力」（シンキング）〜疑問を持ち、考え抜く力〜（課題発見力・計画力・創造力）

③ 「チームで働く力」（チームワーク）〜多様な人とともに、目標に向けて協力する力〜（発信力・傾聴力・柔軟性・状況把握力・規律性・ストレスコントロール力）

6. 学力の三要素（2007 年）　文部科学省

① 基礎的・基本的な知識・技能の習得

② 知識・技能を活用して課題を解決するために必要な思考力・判断力・表現力等

③ 主体的に学習に取り組む態度

7. 21 世紀型スキル（2009 年）　ロンドンで発足したプロジェクト「ATC21s」・アメリカの非営利団体「P21」

① 思考の方法

・創造性とイノベーション

・批判的思考、問題解決、意思決定

・学習能力、メタ認知

② 仕事の方法

・コミュニケーション

・コラボレーション

③ 仕事の道具

・情報リテラシー

・情報コミュニケーション技術（ICT）リテラシー

④ 生活の方法

・地域や国際社会の市民性

・人生とキャリア設計

・個人と社会における責任

　これらの提言をみると、2000（平成12）年以降、資質・能力の育成について、世界中の関心が集まっていたということがわかる。これから求められる能力について、これらの提言をまとめてみると、次のような能力であると言える。それは、「知識・技能の習得だけでなく、問題を自分で発見し、それに対して主体的に取り組むことができること、他者に対してわかりやすく表現することができ、そのような力を実社会で活用できる能力」である。

　（1）で紹介した平成10（1998）年改訂学習指導要領「総合的な学習の時間」の教育目標を見ると、何をやっているのか、どのような目的があるのかわからないと批判されながらも、総合的な学習の時間が、このような能力を育成する授業として、学校の教育課程全体のいわば扇の要となっていることは明らかであろう。

第2節　学習指導要領における総合的な学習の時間の教育目標の理解と現状

（1）　平成 20（2008）年改訂の小学校学習指導要領「総合的な学習の時間」について

　第1節で確認したように、総合的な学習の時間の設置から 10 年の間に、資質・能力を育成することに対する関心がますます高まっていた。しかし、学力低下問題は、2006（平成 18）年にはピークを迎え、主要教科の授業時間を増加させる措置が取られる。そのため、総合的な学習の時間は大幅に時間を削減されることとなる。この時の教育目標は、次の通りである。

〈平成 20 年改訂　小学校学習指導要領「総合的な学習の時間」の教育目標〉

> 　横断的・総合的な学習や探究的な学習を通して、自ら課題を見付け、自ら学び、自ら考え、主体的に判断し、よりよく問題を解決する資質や能力を育成するとともに、学び方やものの考え方を身に付け、問題の解決や探究活動に主体的、創造的、協働的に取り組む態度を育て、自己の生き方を考えることができるようにする。

　このように、基本的には平成 10（1998）年版の内容を引き継ぎながらも、平成 20（2008）年改訂版の教育目標は、より簡略化されたものであった。総合的な学習の時間の教育目標を据え置く理由として、1つに、この資質・能力に対する世界的な提言を取り入れた授業が必要であるとされており、2つ目に、教科の学習の「探究」として位置付けたことがある。そのため、時間数を削りながらも、教育目標の方向転換や内容の変化をさせることはできなかった。時間数の削減は、平成 10（1998）年版の学習指導要領では、小学校 3・4 年 105 時間、5・6 年 110 時間であったのに対し、平成 20（2008）年版では、3 年から 6 年まで 70 時間になった。

　教科の教育目標や時数は、その時の学習指導要領改訂の目的や特徴から考

えられたものであるということは言うまでもない。平成20（2008）年版の
学習指導要領は、「知識基盤社会」における「生きる力」を育成することが
基本方針である。「知識基盤社会」とは、「新しい情報・知識・技術が政治・
文化をはじめ社会のあらゆる領域での活動の基盤として飛躍的に重要度を増
す社会」とされ、その社会を担う子どもたちの「生きる力」は、「基礎・基
本を確実に身に付け、いかに社会が変化しようと、自ら課題を見付け、自ら
学び、自ら考え、主体的に判断し、行動し、より良く問題を解決する資質や
能力」を総合した「確かな学力」と「自らを律しつつ、他人とともに協調し、
他人を思いやる心や感動する心などの豊かな人間性」、そして「たくましく
生きるための健康や体力」である。なお、この社会の特徴は、具体的に以下
の点が挙げられている。

1. 知識には国境がなく、グローバル化が一層進む
2. 知識は日進月歩であり、競争と技術革新が絶え間なく生まれる
3. 知識の進展は旧来のパラダイム転換を伴うことが多く、幅広い知識と
   柔軟な思考力に基づく判断が一層重要になる
4. 性別や年齢を問わず参加することが促進される
   （「幼稚園、小学校、中学校、高等学校及び特別支援学校の学習指導要
   領等の改善について（平成20年1月17日中央教育審議会答申）」より）

　このような社会で必要な「確かな学力」は、第1節（3）の資質・能力に
関する提言として挙げた「学力の三要素」である「知識・技能」「思考力・
判断力・表現力」「意欲」であり、それを実際の学習論へ位置付けたものが、
「習得」「活用」「探究」である。そして「習得」「活用」を主要教科の中で身
に付けるものとし、「探究」を総合的な学習の時間の目的として意味づけた
のである。
　次に、資質・能力育成の世界的な潮流以外に日本の教育へ影響があった、
国際的な動向についてさらに言及したい。

（2）　ESD 教育と MDGs・SDGs の関係

　2000（平成 12）年 9 月 5 日から 9 日まで、国連本部のあるニューヨークで開かれた「国際ミレニアム・サミット」では、テーマを「21 世紀における国連の役割」として、環境・開発、人権・貧困、紛争や国連強化などについて話し合い、「MDGs（Millennium Development Goals：ミレニアム開発目標）」が合意された。MDGs は、193 の全国連加盟国と 23 の国際機関が、極度の貧困と飢餓の撲滅など達成すべき 8 つの目標を掲げ、達成期限を 2015（平成 27）年として一定の成果を挙げた。そして 2015（平成 27）年 9 月 25 日から 27 日に、ニューヨークで行われた「国連持続可能な開発サミット」では、161 の加盟国首脳が参加し、2030 年までに持続可能でよりよい世界を目指す国際目標 SDGs（Sustainable Development Goals：持続可能な開発目標）が、MDGs の後継として掲げられたのである。

　教育の目標としては、国連で MDGs が合意されたのを受けて、2002（平成 14）年に南アフリカで行われたヨハネスブルク・サミット（世界首脳会議）において、「ESD（Education for Sustainable Development）の 10 年」キャンペーンが提起され、その年の国連総会で承認後、2005（平成 17）年から 2014（平成 26）年の 10 年間を「ESD の 10 年」として、さまざまな取り組みが実施されることとなった。ESD は Education for Sustainable Development の略で、「持続可能な開発のための教育」と訳される。世界には気候変動、生物多様性の喪失、資源の枯渇、貧困の拡大等人類の開発活動に起因するさまざまな問題があり、これらの現代社会の問題を自らの問題として主体的に捉え、人類が将来の世代にわたり恵み豊かな生活を確保できるよう、身近なところから取り組むことで、問題の解決につながる新たな価値観や行動等の変容をもたらし、持続可能な社会を実現していくことを目指して行う学習・教育活動である。ゆえに、ESD は持続可能な社会の創り手を育む教育である。

　しかし MDGs の後に掲げられた SDGs は、ESD の理念と必ずしも一致しないものも含むため、「ESD の 10 年」として掲げられた目標では、不十分

であるとされた。2015（平成27）年に採択されたSDGsは、「誰一人取り残さない」社会の実現を目指すことを共通の理念としている。SDGsは、そのことを実現するための17の目標及び169のターゲットによって構成されている。17の目標は以下の通りである。

〈SDGs 17のゴール〉
目標1：あらゆる場所のあらゆる形態の貧困を終わらせる
目標2：飢餓を終わらせ、食糧安全保障及び栄養改善を実現し、持続可能な農業を促進する
目標3：あらゆる年齢のすべての人々の健康的な生活を確保し、福祉を促進する
目標4：すべての人々への、包摂的かつ公正な質の高い教育を提供し、生涯学習の機会を促進する
目標5：ジェンダー平等を達成し、全ての女性及び女児の能力強化を行う
目標6：すべての人々の水と衛生の利用可能性と持続可能な管理を確保する
目標7：すべての人々の、安価かつ信頼できる持続可能な近代的エネルギーへのアクセスを確保する
目標8：包摂的かつ持続可能な経済成長及びすべての人々の完全かつ生産的な雇用と働きがいのある人間らしい雇用（ディーセント・ワーク）を促進する
目標9：跳ね返す力のあるインフラ構築、包摂的かつ持続可能な産業化の促進及びイノベーションの推進を図る
目標10：各国内及び各国間の不平等を是正する
目標11：持続可能な都市及び人間居住を実現する
目標12：持続可能な生産消費形態を確保する
目標13：気候変動及びその影響を軽減するための緊急対策を講じる
目標14：持続可能な開発のために海洋・海洋資源を保全し、持続可能な

　　形で利用する

目標 15：陸域生態系の保護、回復、持続可能な利用の推進、持続可能な
　　　　森林の経営、砂漠化への対処、ならびに土地の劣化の阻止・回復
　　　　及び生物多様性の損失を阻止する

目標 16：持続可能な開発のための平和で包摂的な社会を促進し、すべて
　　　　の人々に司法へのアクセスを提供し、あらゆるレベルにおいて効
　　　　果的で説明責任のある包摂的な制度を構築する

目標 17：持続可能な開発のための実施手段を強化し、グローバル・パー
　　　　トナーシップを活性化する

図 1　ターゲット 4 を中心とする SDGs

　ESD はこのうちの、目標 4「すべての人々への包摂的かつ公正な質の高
い教育を提供し、生涯教育の機会を促進する」のターゲット 4.7 に位置付け
られた。一方 ESD 教育は、目標 4 だけでなく SDGs の 17 の目標全体を達
成しなければならないと考えられた。そこで「持続可能な開発のための教育：
SDGs 実現に向けて（ESD for 2030）」が 2019（令和元）年 9 月の第 74 回
国連総会で承認され、同年 11 月の第 40 回ユネスコ総会で採択される。こ

れにより「ESD for 2030」は、ESD の強化と SDGs の 17 のすべての目標実現への貢献を通じて、より公正で持続可能な世界の構築を目指すものとなった。そして「ESD for 2030」の採択を受けて、本枠組み下で取り組まれるべき具体的な行動を示すロードマップがユネスコにより公表された。

ロードマップでは、5 つの優先行動分野（1. 政策の推進、2. 学習環境の変革、3. 教育者の能力構築、4. ユースのエンパワーメントと動員、5. 地域レベルでの活動の促進）及び 6 つの重点実施領域（1. 国レベルでの ESD for 2030 の実施（Country Initiative の設定）、2. パートナーシップとコラボレーション、3. 行動を促すための普及活動、4. 新たな課題や傾向の追跡（エビデンスベースでの進捗レビュー）、5. 資源の活用、6. 進捗モニタリング）が提示されるとともに、主な変更点として、SDGs の 17 のすべての目標実現に向けた教育の役割を強調、持続可能な開発に向けた大きな変革への重点化、ユネスコ加盟国によるリーダーシップへの重点化が謳われている。

ESD の基本的な考え方は下図のように示されている。

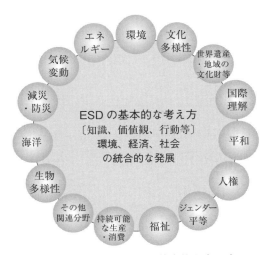

図 2　ESD for 2030 の基本的な考え方

（3）　日本における SDGs を取り入れた ESD 教育

　日本の学校現場では、2012（平成 14）年、国立教育政策研究所「学校における持続可能な発展のための教育（ESD）に関する研究〔最終報告書〕」において、以下の提案がなされている。

（1）　持続可能な社会づくりを構成する「6 つの視点」を軸にして、教員・生徒が持続可能な社会づくりに関わる課題を見いだします。
　　　（持続可能な社会づくりの構成概念）
　　　1.　多様性（いろいろある）
　　　2.　相互性（関わりあっている）
　　　3.　有限性（限りがある）
　　　4.　公平性（一人一人大切に）
　　　5.　連携性（力合わせて）
　　　6.　責任制（責任を持って）
（2）　持続可能な社会づくりのための課題解決に必要な「7 つの能力・態度」を身につけさせます。
　　　（ESD の視点に立った学習指導で重視する能力・態度）
　　　1.　批判的に考える力
　　　2.　未来像を予測して計画を立てる力
　　　3.　多面的・総合的に考える力
　　　4.　コミュニケーションを行う力
　　　5.　他者と協力する力
　　　6.　つながりを尊重する態度
　　　7.　進んで参加する態度

　2017（平成 29）年 9 月、ESD と SDGs の関係について「日本ユネスコ国内委員会教育小委員会からのメッセージ」では、「持続可能な開発のための教育（ESD）の更なる推進に向けて〜学校等で ESD を実践されている皆

様へ〜」[1] が公開された。そこでは、ESD 実践の目標の明確化に寄与する SDGs と ESD のさまざまな活動が、国際的に整理された目標である SDGs の各目標にどのように貢献しているのかを考えることは、SDGs によって自分自身の ESD の活動に新たな意義や価値付けを与えることであるとし、ESD の目標を明確化する方法の一つでもあるとしている。また、グローバルな動きと地域での ESD 実践・SDGs は、人類共通のグローバル目標であり、それを意識して ESD の活動に取り組むことは、地域に根差した身近な活動が世界に繋がることであり、地球規模の課題解決に貢献することになると考えられている。その中で、学校や地域特有の課題解決に特化した ESD の取組について、SDGs の特にどの目標に繋がり、どのように貢献するのかという観点から、SDGs との関わりを考え、地域における特定の目標の達成に貢献しようとすることは意義ある取組であるとしている。

　学校現場では、2016（平成 28）年 12 月に発表された中央教育審議会の答申「幼稚園、小学校、中学校、高等学校及び特別支援学校の学習指導要領等の改善及び必要な方策等について」において、「持続可能な開発のための教育（ESD）は次期学習指導要領改訂の全体において基盤となる理念である」とされる。答申に基づき策定され、2017（平成 29）年に改訂された幼稚園教育要領と小・中学校学習指導要領及び、2018（平成 30）年に改訂された高等学校学習指導要領においては、全体の内容に係る前文及び総則において、「一人一人の生徒が、自分のよさや可能性を認識するとともに、あらゆる他者を価値のある存在として尊重し、多様な人々と協働しながら様々な社会的変化を乗り越え、豊かな人生を切り拓き、持続可能な社会の創り手となることができるようにすることが求められる」として、「持続可能な社会の創り手」の育成が掲げられている。

〈平成 29（2017）年改訂の小・中学校学習指導要領〉
　【前文】
　　これからの学校には、（中略）一人一人の児童（生徒）が、自分のよさや可能性を認識するとともに、あらゆる他者を価値のある存在として尊重し、多様

な人々と協働しながら様々な社会的変化を乗り越え、豊かな人生を切り拓き、**持続可能な社会の創り手となることができるようにすること**が求められる。

【第1章　総則】

　第1小学校（中学校）教育の基本と教育課程の役割3（前略）豊かな創造性を備え**持続可能な社会の創り手となることが期待される**児童（生徒）に、生きる力を育むことを目指すに当たっては、学校教育全体並びに各教科、道徳科、…総合的な学習の時間及び特別活動…の指導を通して、どのような資質・能力の育成を目指すのか明確にしながら、教育活動の充実を図るものとする。

　（筆者がSDGsを特に示した言葉になっている箇所を太字で示した）

　さらに文部科学省は、ESD教育の実践にあたり、「ESD（持続可能な教育）の手引き」とストーリーブック「ESD　QUEST」を作成し、次のことを示している。

　○どのように学ぶのか

　「主体的・対話的で深い学び」の視点から、不断の学習・指導方法を改善することが重要です。問題解決的な学習を適切に位置付けるなど、探究的な学習過程を重視し、学習者を中心とした主体的な学びの機会を充実し、体験や活動を取り入れるだけでなく、学習過程のどの部分にどのように位置付けたら効果的かを十分に吟味します。グループ活動を取り入れ、話し合い、協力して調査やまとめ、発表を行い、協働的な学びとします。

　○何ができるようになるのか

　知識・理解に留まらず、学びを活かし、様々な問題を「自分の問題」として行動する「実践する力の育成」を目指します。また、「持続可能な社会の構築」という観点を意識することにより、児童・生徒の価値観の変容を引き出すことができます。

　○どのように取り組むのか

　ESDを効果的に推進するためには、ESDの実施を学校経営方針に位置付け、校内組織を整備して学校全体として組織的に取り組むこと、ESDを適切に指導計画に位置付けること、地域や大学・企業との連携の視点を取り入れること、児童・生徒による発信と学習成果の振り返りを適切に行うことなどが重要です[2]。

　文部科学省は、2018（平成30）年の第三期教育振興基本計画（平成30年6月閣議決定）において、「SDGs に向けた文部科学省の取組」（文部科学省国際総括官付　日本ユネスコ国内委員会事務局　内閣府男女共同参画局資料2）として下記のように示している。

〈今後5年間の教育政策の目標と施策群〉
　《主として初等中等教育段階における》
　　我が国が ESD の推進拠点と位置付けているユネスコスクールの活動の充実を図り、好事例を全国的に広く発信・共有する。また、（中略）ESD の実践・普及や学校間の交流を促進するとともに、ESD の深化を図る。これらの取組を通して、持続可能な社会づくりの担い手を育む。
　《主として高等教育段階における》
　　地域の多様な関係者の協働による ESD の実践を促進するとともに、学際的な取組などを通じて SDGs の達成に資するような ESD の深化を図る。これらの取組を通して、地球規模課題を自らの問題として捉え、身近なところから取り組む態度を身に付けた持続可能な社会づくりの担い手を育む。
　　（筆者が SDGs を特に示した言葉になっている箇所を太字で示した）

　いずれにしても、このような学びを実現する時の要となる授業は「総合的な学習の時間」であると考えられており、平成29（2017）年改訂の「総合的な学習の時間」の教育目標は、これを受けて立てられたことは明らかであろう。

（4）　平成29（2017）年改訂の小学校学習指導要領「総合的学習の時間」
　　　について
　2016（平成28）年の中央教育審議会答申によると、それまでの学習指導要領は、以下の点において課題があるとした。

1.　どのような資質・能力が育成されるのかわからない
2.　総合的な学習の時間と各教科との関連が明らかでない

3. 学校や教師によって差がある
4. 探究のプロセスを意識した学習活動を行っている児童・生徒ほど、全
   国学力・学習状況調査の分析等において、各教科の正答率が高い傾向
   にある

　このような改善点を踏まえて平成 29（2017）年改訂の学習指導要領の特
徴は、資質能力の３つの柱である学力の三要素と「習得」「活用」「探究」の
学習論は引き続き追求しつつ、主体的で対話的な深い学びであるアクティ
ブ・ラーニングと、カリキュラム・マネジメントを確立することである。ま
た（３）で述べたように、急速に国際的に意識が高まってきた SDGs（持続
可能な開発目標）の実現に向けて、総合的な学習の時間は次のようなの教育
目標を目指すこととした。

〈平成 29 年改訂　小学校学習指導要領「総合的な学習の時間」の教育目標〉

> 　探究的な見方・考え方を働かせ、横断的・総合的な学習を行うことを通
> して、よりよく課題を解決し、自己の生き方を考えていくための資質・能
> 力を次のとおり育成することを目指す。
> 　（1）　探究的な学習の過程において、課題の解決に必要な知識及び技能
> 　　を身に付け、課題に関わる概念を形成し、探究的な学習のよさを理解
> 　　するようにする。
> 　（2）　実社会や実生活の中から問いを見いだし、自分で課題を立て、情
> 　　報を集め、整理・分析して、まとめ・表現することができるようにす
> 　　る。
> 　（3）　探究的な学習に主体的・協働的に取り組むとともに、互いのよさ
> 　　を生かしながら、積極的に社会に参画しようとする態度を養う。

　このように、これまで使われてきた「教科横断的」「探究的」「総合的」
「自己の生き方」「自ら課題を見付ける」「より良く課題を見付ける」「創造
的」「主体的」「協働的」に加えて、さらにより具体的なことを求める言葉が
使用されるようになったことがわかる。それは、「知識・技能を身に付ける」

であったり、「概念の形成」「実社会や実生活」「社会に参画」「探究のプロセスの具体性」などである。

　平成29（2017）年改訂の『小学校学習指導要領解説　総則編』を見ると、「改訂の基本方針」では、4つのことが重視されている。それは、①社会に開かれた教育課程であること、②育成を目指す資質・能力の明確化、③授業におけるアクティブ・ラーニングの推進、④各学校におけるカリキュラム・マネージメントの推進であり、総合的な学習の時間における具体性を求める姿勢は、この学習指導要領全体の特徴である。文部科学省はこの学習指導要領改訂以前に、その方向性をすでに出し、総合的な学習の時間における具体的な課題を設定し提示している。それは、文部科学省『今、求められる力を高める総合的な学習の時間の展開』（2010年）の、各学校において定める具体的な内容の指針として示されている。そこには内容の事例として、学習課題・学習対象・学習事項が提示されており、基本的にはそれを引き継ぐ形で、平成29（2017）年改訂の小学校学習指導要領「総合的な学習の時間」では、学習内容の設定を求めている。そこには学習課題が3つ挙げられており、それぞれに細かな具体的課題が挙げられている。3つの課題は、① 横断的・総合的な課題、② 児童の興味・関心に基づく課題、③ 地域や学校の特色に応じた課題である。

〈平成29（2017）年改訂の小学校学習指導要領「総合的な学習の時間」の学習内容の設定〉
① 　横断的・総合的な課題
〈国際〉
地域に暮らす外国人と その人達が大切にしている文化や価値観
・日本の伝統や文化とそのよさ
・世界の国々の伝統や文化とそのよさ
・異なる文化と交流する活動や取組　など
〈情報〉
情報化の進展とそれに伴う日常生活や消費行動の変化
・多様な情報手段の機能と特徴

・情報環境の変化と自分たちの生活とのかかわり

・目的に応じた主体的な情報の選択と発信　など

〈環境〉

身近な自然環境とそこに起きている環境問題

・身近な自然の存在とそのよさ

・環境問題と自分たちの生活とのかかわり

・環境の保全やよりよい環境の創造のための取組など

〈資源エネルギー〉

自分たちの消費生活と資源やエネルギーの問題

・生活を支える資源

・エネルギー活用の多様さと重要さ

・資源・エネルギー問題と自分たちの生活とのかかわり

・省資源

・省エネルギーに向けての取組　など

〈福祉〉

身の回りの高齢者とその暮らしを支援する仕組みや人々

・身の回りの高齢者とその暮らし

・地域における福祉の現状と問題

・福祉問題の解決やよりよい福祉を創造するための取組　など

〈健康〉

毎日の健康な生活とストレスのある社会

・社会の変化と健康の保持・増進をめぐる問題

・自分たちの生活習慣と健康とのかかわり

・より健康で安全な生活を創造するための取組　など

〈食〉

食をめぐる問題と地域の農業や生産者

・地域の農業や生産者の現状と日本の食糧問題

・食の安全や食料確保と自分たちの生活とのかかわり

・食をめぐる問題の解決とよりよい食生活の創造を目指した取組　など

〈科学技術〉

科学技術の進歩と自分 たちの暮らしの変化

・科学技術の進歩と便利で快適になった暮らし

・科学技術の進歩と私たちの生活とのかかわり

・科学技術をよりよく生活に生かし豊かな生活を 創造しようとする取組　など

② 児童の興味・関心に基づく課題
〈キャリア〉
将来への展望とのかかわりで訪ねてみたい人や機関
・地域で働く人の存在と働くことの意味・地域社会を支える様々な職業や機関
・自分自身のよさへの気付きと将来展望　など
〈ものづくり〉
ものづくりの面白さや工夫と生活の発展
・ものづくりの面白さとそれを生かした生活の豊かさ
・ものづくりによる豊かな社会と暮らしの創造
・快適で自分らしい生活環境を整える活動　など
〈生命〉
生命現象の神秘、不思 議、すばらしさ
・生命現象の神秘や不思議、すばらしさ
・かけがえのない存在としての自分への気付きと自尊心
・自他の生命を尊重し大切にする取組　など

③ 地域や学校の特色に応じた課題
〈町づくり〉
町づくりや地域活性化のために取り組んでいる人々や組織
・地域の人々がつながり、支え合って暮らすよさ
・町づくりや地域活性化に取り組んでいる人々や組織とその思い
・地域の一員として、町づくりや地域活性化にかかわろうとする活動や取組
　　　　　　　　　　　　　　　　　　　　　　　　　　　　　　　　など

〈伝統文化〉
地域の伝統や文化とその継承に力を注ぐ人々
・地域の伝統や文化のもつ特徴
・地域の伝統や文化の継承に力を注ぐ人々の思い
・地域の一員として、伝統や文化を守り、受け継ごうとする活動や取組　など
〈地域経済〉
商店街の再生に向けて努力する人々と地域社会
・社会の変化と地域の商店街が抱える問題

・商店街の再生に向けて努力する人々の思い

・地域の一員として、地域社会の再生にかかわろうとする活動や取組　など

〈防災〉

防災のための安全な町づくりとその取組

・災害の恐ろしさと防災意識の大切さ

・地域や学校で防災に取り組むよさと安全な町づくり、学校づくり

・地域や学校の一員として、災害に備えた安全な町づくり、学校づくりにかかわろうとする活動や取組　など[3]

このように、総合的な学習の時間は各学校が課題設定をするとしながらも学習効果を高めるために、文部科学省は、明確かつ細かな課題を示しているのである。平成 29（2017）年改訂の学習指導要領では、総合的な学習の時間において、すでに述べたように SDGs（Sustainable Development Goals：持続可能な開発目標）の学習と実践の重要性が指摘されており、その結果、このような細部にわたる明確化がなされたのである。

第 3 節　総合的な学習の時間の理解の問題点

　文部科学省は、総合的な学習の時間が、「どのように学ぶか」「何ができるようなるか」「どのように取り組むか」をわかりやすく示せるように、内容の事例を示すだけでなく、学習活動項目が各学年でどの程度行われているか実施調査をするなどの明確化に努めてきた。また、「ESD カレンダー」などのように、総合的な学習の時間と各教科の関連性を図式化し、「見える化」することを推進してきた。総合的な学習の時間は、スタートした時から「何をやっているのかわからない」という批判にさらされてきたことは、第 1 節の経緯で明らかであるが、それに対する応答が常に求められているカリキュラム領域であるため、そのように変遷してきたのである。

　しかし総合的な学習の時間は、主要教科に結び付くような問いと回答を繰り返さなければいけないカリキュラム領域なのであろうか。子どもたちが自

ら考える問題は、必ずしも大人が考えてほしい問題とは違う。日常において
も、私たちは、子どもたちがなぜそのことが気になるのかわからないと感じ
る場面に、しばしば出会う。多くの大人は、概念形成された大人とはまった
く違う発想が子どもにはあると、感じたことがあるであろう。つまり、子ど
もが自ら考える問題や課題というのは、大人からすると一見無駄に見えるこ
ともあるのではないだろうか。ここで、総合的な学習の時間の教育目標に見
られた言葉の変化を、平成 10 年版、平成 20 年版、そして平成 29 年版にお
いて比較してみたい。

　　1.　変わらない言葉
　　　　教科横断的、探究的、総合的、自己の生き方、自ら課題を見付ける、
　　　　より良く課題を見付ける、創造的、主体的
　　2.　平成 20 年版から使われている言葉
　　　　協働的
　　3.　平成 29 年版から使われている言葉
　　　　知識・技能を身に付ける、概念の形成、実社会や実生活、社会に参画、
　　　　探究のプロセスの具体性

　ここでわかるように、「自ら課題を見付ける」や「より良く課題を見付け
る」というような、教師ではなく子どもが主体的に「見付けること」が求め
られている言葉が、常に使われてきている。しかしそれと同時に、「教科横
断的」というような、大人のコントロールを求める言葉も常に使われてきて
いる。つまり総合的な学習の時間は、子どもに任せることと、大人がコント
ロールすることを並列的に行うことが常に求められており、それゆえに教師
にとって難しい教科になっているのである。
　また平成 29 年版になるとさらに、社会人として、身に付けていてほしい
人格的姿勢の育成のための言葉が色濃くなってきていることが明らかである。
「社会人として身に付けてほしい」のは、大人の視点である。国家の考

える「理想の人」を育成するプログラムとしてカリキュラムが求められているということである。そのような方向性が、子どもが主体的に取り組むことと一致させることの難しさを作り出していると言える。このように、教師にとって非常にやりにくい教科に、ますますなっているのかもしれない。

　一方、近年の総合的な学習の時間は、何をすればよいか課題が明確になり、そしてどのような成果を挙げればよいかわかりやすくなってきているので、やりやすい教科に変わってきていると感じている教師もいる。しかしそれは、教師主導で行う主要教科の指導と、まったく変わらない教育方法を確立しているからである。総合的な学習の時間の指導は、いわゆる教科指導と同じなのであろうか。

　総合的な学習の時間は、子どもたちが自ら問題を見付け、考え、行動し、解決することができる学習である。大人が与えた課題を大人が考えた学習方法で、大人が考えた成果を出すために行うものではないのである。それでは教師は、どのように取り組めばよいのであろうか。次章では、総合的な学習の時間の捉え方と教育方法について検討したい。

注

1)　日本ユネスコ国内委員会教育小委員会
　http://www.esd-jpnatcom.mext.go.jp/about/pdf/message_02.pdf、2021.04.01 取得
2)　以下の2つの文書を参考にまとめた。
　「ESD（持続可能な教育）の手引き」
　https://www.mext.go.jp/unesco/004/__icsFiles/afieldfile/2018/07/05/1405507_01_2.pdf、2021.04.01 取得
　ストーリーブック「ESD　QUEST」
　http://www.esd-jpnatcom.mext.go.jp/pdf/ESDQUESTstorybook.pdf、2021.04.01 取得
3)　文部科学省『今、求められる力を高める総合的な学習の時間の展開 ― 総合的な学習の時間を核とした課題発見・解決能力、論理的思考力、コミュニケーション能力等向上に関する指導資料（小学校編）』2010年、72頁-73頁。

第 **2** 章

教育課程における総合的な学習の時間の位置と方法

第1節　野村芳兵衛の三位一体的な教育構想の考え方

　第1章では、総合的な学習の時間が平成10（1998）年に実施されてから、どのような考え方の下で教育目標が変化してきたのかを確認した。それにより、領域設定当初からの、総合的な学習の時間が「子どもたちが自ら問題を見付け、考え、行動し、解決することができる力を育成する学習である」という根本的な目標を持ち、それは現在まで変わらないことが確認できたであろう。しかしそうであるのに、そのことは達成されるどころかむしろ現状において、目標と実践が逆行しているかのようにさえ感じられる。それはなぜだろうか。

　そこで第2章では、学校のカリキュラムにおける総合的な学習の時間の位置を検討し、どのような指導方法が望ましいのか考えていきたい。それにあたり、筆者はまず、大正新教育の実践家として活躍した野村芳兵衛の教育構想を、今日の総合的な学習の時間と関連付けて検討することを提案していきたい。教育目標を考える時、教育観が必要であると考えるからである。そして、彼の教育構想が、日本の近現代教育史において、今日の総合的な学習の時間の取り組みに繋がる源流と言えるものであり、教育課程の中で総合的な学習の時間が占めうる位置と固有の方法を、彼の教育構想が独創的かつ明確に明らかにしていることを検討していきたい。

　野村芳兵衛（1896 年 –1986 年）は、東京・池袋児童の村小学校（1924 年
4 月 –1936 年 7 月）で訓導（教諭）・主事（教頭）を務め、児童の村小学校
の閉校後は、日の出学園、日本女子大学附属高等女学校、茨城県立下妻高等
女学校を経て、戦後は岐阜県へ帰郷して、岐阜市立長良小学校で校長を務
め、戦後新教育の取り組みを行った教育実践家である。

　私立池袋児童の村小学校で訓導・主事を務めた野村芳兵衛は、1926（大正
15）年に著した『新教育に於ける学級経営』の中で、自らの教育思想を具現
化する、「野天学校」「親交学校」「学習学校」の三位一体的な学校教育構想に
ついて述べている。野村は 1924（大正 13）年 4 月、児童の村小学校の開校
と同時に同校の訓導（教諭）となった。児童の村小学校で新たな実践を始め
て 3 年目に刊行されたのが『新教育に於ける学級経営』である。その意味で
本書は、30 歳の野村がどのように新たな教育実践に取り組んでいくのかをめ
ぐって格闘し、学校カリキュラムと教育実践へ自らの教育思想を具現化して
いった、独創的な追究が提起されたものと見ることができる。そうした教育
思想の具現化の柱となったのが、三位一体的な学校教育の考え方であった。
それでは、この三位一体の教育構想とはどのようなものであったのだろうか。

　野村は故郷の岐阜県から、旧教育ではなく新教育の実践を切り開くという
憧れを持って上京したが、子どもたちはまるで子猿のように飛び回り、少し
も勉強をしないのが、新教育の実態であることを思い知らされる。そして、
そのような新教育の理想に対する違和感に野村は直面して悩み苦しんでい
く。しかし、野尻湖畔の「夏の学校」へ出かけることになり、そこでの子ど
もたちとの生活体験から「生活教育」を実感して救われるのである。そし
てこの活動が野村独自の教育思想である「野天学校」の学級経営案に繋がっ
ていくのである。

　野村は「夏の学校」から、子どもたちがあそびの中で、からだを鍛え、
やってみて発見し、なってみて発想することから子どもらしい作品を産む姿
を見る。野村はそれを、「児童文化」と呼んだ。子どもたちにその場を任せ
て解放することにより、子どもたちは「児童文化」を創造するということに

気づいたのである。そのような気づきにより、「野天学校」の意義を強く実感したのである。また、「野天学校」の発想に対して、子どもたちが生きていく力の肥料として、「大人文化」としての大人からの伝承を子どもたちに提示していくことも必要であると考えた。それが「学習学校」の発想であった。このように、「野天学校」で育んだ「児童文化」と、「学習学校」で育んだ「大人文化」を融合して、子どもたちがさらに新たな創造へと向かっていくための「仲間作り」を「親交学校」と呼ぶのであった。

　野村は、池袋児童の村小学校で、新しい理想的な教育すなわち新教育を学ぶことの期待に胸を膨らませて、訓導になる。しかし、理想的な教育を行うところであると思っていた児童の村小学校は、いわゆる教育現場の形が全く保てないと思われるような場所になっていると感じて、何が教育であり、どのように日々実践したらよいのか、皆目見当がつかない混沌とした状況に追い込まれて苦しむのであった。しかし、しばらく続けようと決意することになったのは、先に述べた三位一体の教育構想を築くことが大事であると気づかされたからである。彼の著書『文化中心新教授法』（1925 年）の「児童の村の一年間」[1] にその変化をみることができる。

　野村はまず「自由教育は、はき違へたところに本当な姿があるのではないか」[2] といい、自由教育がはき違えになるのが自然であると述べている。そして、「子供に子供の生活をさせることが本当だと信ずる人」[3] は、そのようなはき違えになることをそもそも覚悟しなければならないとし、そうして辛抱強く生活していくと「理性は経験によつてだんだん育つてくる」[4] という。そのためには教師は、「結果をきりつめて考へないようにすること」[5] を提唱する。このように野村は、1 年を経て、自由教育の現実を穏やかに受け止める境地に達し、その利点を生かしていくにはどのように歩めばよいか考えるようになったことが窺える。それは「夏の学校」によって、子どもたちを信じる心が育まれたことによるであろう。また、教育には人数を少なく括る必要があるとし、「親交学校」の方法として、後に「ハウスシステム」と名付けた子どもたちの協働的な学校生活の方法論確立に繋がって

いくのである。

　野村は、「子供は新鮮な学習を好む」[6] とし、子どもは生活の中から新しい問題を自ら見つける力があるということを述べている。それは科学的方法ではないので、大人が考える系統学習とは違い、子どもにとっての順序（系統）を尊重して、子どもによる探究が繰り返されることによるものである。そのことを尊重することにより子どもたちは、まっすぐに「純情直観」[7] 的に実践できるのである。そして野村は、教師の役割は、その子どもたちの力と教科書の系統をどう結ぶのかということが課題であると考えた。そのような教育構想に気づいた野村は、著書『新教育に於ける学級経営』において、児童の村小学校の訓導を続けていくための具体的教育方法について検討している。

　「若し学校が生活の場であるならば、学校は子供の遊びの場所として、充分な用意を持たねばならない」[8] として、「子供の遊ぶことに理解が持てずに協力が出来ずに、常に遊びと戦っている教育はよき教育ではない」[9] と述べ、「子供の遊びに用意を持たない学校は、又よき学習の場所としての学校たる資格もない」[10] とし、「遊びと学習との協力が教育である」[11] と述べている。そして、その子どもの遊びの場は「野」であるというのである。

　　子供の最もよき遊びの場所は、野であって、教室ではない。なぜならば、子供は野人であり、家は文化人の住む所だからである。野は広くて活動に自由であり、身体によき空気と太陽と水とがある。又感官を修練するにいいうるみある種々の色と、素朴な音とがある。野は子供に遊ぶ材料と場所とを与へているばかりでなく、又十全の用意と十全の無心とを持って、子供に生活を味はせてくれる[12]。

　こうして野村は、児童の村小学校で行われた野尻湖畔での「夏の学校」について、「夏の学校の目的はいろいろあるであろうが、その重要な目的は、思ふ存分遊ばせて、遊びの恵みを味はうとするものであらうと思ふ…（中略）…夏の学校は、私の願つている、野天の学校の実現だと思つている」[13] と述

べている。

　例えば『新教育に於ける学級経営』では、1925（大正14）年に初めて行った夏の学校について、生活、学習、生活指導、感想の観点で子どもたちが記した日記を取り上げながら記録している。その記録をみると、野村は教育について、生活の中でさまざまな角度から考えていたことが窺われる。そこには、例えば、蟹、フナ、はぜ、トンボの幼虫、カブトムシ、鳥、花、童話、昔話など、その日に学習したことが挙げられているが、それだけでなく、喧嘩、掃除、病気、新聞発行、花火など、日々の中でのさまざまな生活場面についても書かれている。また、天気や気温、環境について考えるなど、実際に寝食を共にすることで学び合う姿が日記の中に見られる。このように野村は、夏の学校を通して教育における「野天学校」の意味を自覚したのである。

> 私は児童の村に来て、あそびの教育的意味を改めて認識した。そこで教育における野天学校の意味を自覚したのである。と言っても、それは、その頃言われていた、学習の遊戯化とか、遊戯の学習化というあそびの利用という考え方に、賛成したわけではなかった。子どもたちをあそばせるような顔をして、そこで、文化の伝承をうまく引き換えようという教育は、子どもの生きる姿勢を不純にさせたり、甘やかしたりすることで、決して本当の教育とはならない。あそびに人間的価値がある以上、あそびはあそびとしてその価値を認めるべきだと私は考えた。そして、子どもたちを野天の中で、思う存分あそばせるならば、子どもたちは、そのあそびの中で、からだを鍛え、またやってみて発見したり、なってみて発想したりするにちがいないし、そこから子どもらしい作品を産むにちがいない。これこそ、児童文化というべきものであり、子どもたちを、あしたに生きさせて行くエネルギーであるはずだと私は考えた[14]。

　野村の回想によると、「児童の村精神には、子どもの自治、教師の自治、父母の自治の三つを宣言している」[15]のに、「子どもたちから生れる児童文化にばかり目を向けていて、過去の文化を渡してやるという仕事に欠けていたこと」[16]を指摘し、こうした反省から「半分が子どもの時間、半分が先生

の時間というスケジュール」[17] という教育方法を考えたという経緯を説明している。

野村は「親交学校」の意義として、「子供の身体的要求の満足」[18] には「野天学校」が大事であるとするのに対し、「子供の精神的要求の満足」[19] には「親交学校」が大事であるとした。そして「親交学校」は、「健実なる情緒の発達」[20] と「健実なる理性の発達」[21] において必要であると考えた。

「親交学校」を考察するにあたり、その具現の場として、野村が児童の村小学校の協働生活のために考案した「児童の村ハウスシステム」について紹介したい。

野村は、学校全体を「家」の集まりとして考える。そして学年を「家」に分割して、縦割りに家組織を形成する。そして、月曜日から土曜日の６つの家と、「太陽の家」という代表の家が作られる。また、全校生を高学年から、海の組、川の組、山の組として、各家のお父さんとお母さんは、上級生の海の組の子どもたちがなり、学校自治を行うという形であった。野村の著書『生活学校と学習統制』（1933 年）には、「児童の村ハウスシステム」について、次のような説明がある。

> （イ）児童の村家組織はラジオ体操の隊形であり、遠足旅行の隊形であり内集の場合の座席順でもある。いつでも全校活動には、この家組織が利用される。
> （ロ）海組の子供達は、各家のお父さんお母さんになって、その組の指導をする。
> （中略）
> （ヘ）太陽の家の子供達は、全校の世話係、進行係、連絡係である [22]。

また、学級自治においても、７つの家が仕事を分担する作業部になっており、それぞれの分担の仕事において、学級のリーダーになるというシステムである。

> 太陽の家 ― 子供家庭部（毎日客の応接、食事の世話、時を知らせる等の仕事をする）

月曜の家 ─ 子供園　火曜の家 ─ 子供集会部（内集の日）　水曜の家 ─ 子供博
　　物館
木曜の家 ─ 子供図書館　金曜の家 ─ 子供運動部（外集の日）　土曜の家 ─ 子
　　供工場 [23)]

　このように「児童の村ハウスシステム」は、リーダーによる統治的・封建
的なヒエラルキーではなく、子どもたちの仕事の分担と自主的な自治活動の
型として考えられたものである。野村は、「学校を文化伝達の場所と見るだ
けでなく学校を生活の場所と見ることに、より深い学校の意味を感ずる私
は、学級の編成を家庭的にしたいと願った」[24)] と述べている。このように野
村は、「親交学校」の場として、「ハウスシステム」を学校生活に導入したの
である。

　また、学級においては、役員選挙で学級の公利を最大限に発展させてくれ
る村長を選び、子供博物館、子供図書館、子供園、子供工場、子供三倶楽部
（集会部、運動部、家庭部）のリーダーと委員を決めて、分業的に学級事務
を行う。このように、「親交学校」により「野天学校」と「学習学校」の基
盤が創造されたのである。野村は、午前は「先生勉強」、午後は「ぼくらの
勉強」とし、午前中に大人の伝承である「学習学校」を行い、午後は子ども
たちの文化の創造である「野天学校」を行い、学校生活の基盤にこのような
「親交学校」を行うという学校生活全体の教育構想だったのである。

　こうして、子どもの人間性をトータルに、そしてホリスティックに育む生
活教育の三位一体的な学校カリキュラムに関する野村の構想は、子ども文化
の創造を目指す「親交学校」を土台にした「野天学校」の軸を、教育課程の
中に「学習学校」と並んで打ち立てるものである。そうした教育課程におけ
る「野天学校」の軸こそ、今日の総合的な学習の時間という領域設定に繋が
る源流であると価値付けることができるであろう。

第2節 「本を作る教育」としての総合的な学習の時間

　野村のカリキュラムの考え方は、児童の村小学校で訓導（教諭）を始め
た初期の三位一体的教育構想から発展し、「読書科」と「生活科」の2つの
大きな構成領域に分類する方法を確立していった。ここでは、野村の「読書
科」と「生活科」の分類の、それぞれの特質を検討し、今日の教育課程にお
ける総合的な学習の時間の位置と方法を捉える枠組みとしたい。野村による
「読書科」と「生活科」の分類を、対比的に整理してみると次のようになる。

表1　野村芳兵衛における「読書科」と「生活科」の対比[25]

	読書科	生活科
経験	間接経験	直接経験
文化	大人による文化の伝承	子どもによる文化の観察
主体	大人が今日までの文化を伝える	大人が子どもに学ぶ
教科書	教科書のある教育（本を読む教育）	教科書のない教育（本を作る教育）

　野村によると「読書科」は、「大人が今日までの文化を伝える」ものであ
り、現代の小学校のカリキュラムに当てはめると国語や算数のような「知識
を教科書で学ぶ教科」である。それは、「教科書のある教育」、すなわち「本
を読む教育」である。
　一方「生活科」は、「自己の直接経験を中心として、生活を観察し判断す
る」[26]学習である。それは、「子供達が、子供達自身で、自分達の生活を観
て行くところの学科」[27]であり、「教科書のない学習」である。すなわち「本
を作る教育」である。「生活科」において教師は、子どもたちの「生活認識
に対しても、耳を傾けて行かねばならぬ」[28]という役割を持つことになると
野村はいう。この意味において「生活科」は、「教師が子どもに学ぶ教科で
ある」[29]と言えるのである。野村は「教科書を教えることより、教科書な
くして教えることは、困難な点が多いにきまつてゐる」[30]と述べ、その理由

を、「乾物屋が持つて来た干物を食ふのと、川へ行つて、流の魚を釣つて来て食ふのとどちらが困難であるかということを想像してみれば、当らずとも遠からずである」[31) と喩え、「生活科」の難しさについて説明している。一方、「りゆうりゆうと引く魚を釣り上げた時の喜び、それを甘からく煮て食べるときの美味を思ふ者は決して、干物のみに満足してはゐられない」[32) として、困難を乗り越えて得られる学習の意義について強調している。

　野村のカリキュラム分類を援用して考えた時、総合的な学習の時間は明らかに「生活科」の部類に入るであろう。つまり、総合的な学習の時間とは、子どもたちが「本を作る教育」を教育課程において構成する領域なのである。このように対比してみると明らかであるように、学校のカリキュラムには、まったく違う学び方が必要となるような、異なる 2 つの領域に分類することができる。「教科書のある教育」（本を読む教育）では、「教科書」によって大人が文化（知識）を伝承し、子どもがそれを獲得することが大事であるが、「教科書のない教育」（本を作る教育）では、子どもたちが自ら「本を作る」ことをしなければならない。それには子どもたちが「自ら問題を見付け、考え、行動し、解決する」ことが重要である。その機会を奪ってしまうと、「生活科」の学習は成り立たなくなるのである。ゆえに教師には、この 2 つの分類に対する自覚が必要になる。すべてのカリキュラムを同じような教育方法で指導してはカリキュラムの良さを損ねることになる。野村の分類を参考に、大まかな教科の分類をしてみると次の表 2 のようになる。

表 2　小学校における大まかなカリキュラムの分類

《本を読む教育》 国語、算数、（3 年生以上の）理科、（3 年生以上の）社会、（5 年生以上の）外国語
《本を読むことと、作ることの教育》 生活、音楽、図画工作、家庭、体育
《本を作る教育》 （4 年生までの）外国語活動、（特別の教科）道徳、総合的な学習の時間、特別活動

このように、各教科は「本を読む教育」あるいは「本を読むことと、作ることの教育」の部類に入るが、教科外の学習は「本を作る教育」に入るであろう。それでは私たちは「本を作る教育」を、どのような学習方法で行えばよいのであろうか。次節以降において、さらに検討を進めていこう。

第3節　戦後新教育期の岐阜市立長良小学校における「長良プラン」の展開

　野村は、戦後、1945年に岐阜県へ帰郷して、岐阜市立高等女学校に半年勤めてから、岐阜市立長良小学校へ校長として着任した。長良小学校校長就任後、野村は、当時の民主主義社会の新しい建設に呼応した抜本的な教育改革の動きの中で、自らが池袋児童の村小学校で創り出した、生活教育を基盤にした学校カリキュラム構想を、戦後において持続的に発展させる取り組みに向かっていった。それは、長良小学校において同僚教師たちと協働して編成し、実践していった「長良プラン」である。

　本節では、前節までで検討した、野村の教育構想が今日の総合的な学習の時間に持ちうる関連性と結び付き、大きな意義をさらに明確にして捉えるために、戦後新教育期の長良小学校における野村たち教師による「長良プラン」の編成と実践がどのようなものであったのかを考えていくことにしよう。

（1）　戦後新教育期の全国的なカリキュラム改造運動と「長良プラン」

　戦後日本では、1947（昭和22）年に初めての学習指導要領（試案）が作成される。小学校の教育課程の特徴の一つとして、修身・公民・地理・歴史が廃止され、社会科の授業が設けられた。そして、戦前の新教育運動と1930年代のアメリカのカリキュラム改革運動から強く影響を受けながら、主に社会科を中心としてカリキュラム改革運動が全国に広がっていった[33]。

　こうして戦後日本においては、1948（昭和23）年から1953（昭和28）年頃まで、コア・カリキュラムが教育界を席巻した。その頃の岐阜県では、新

教育を研究するために新学制発足と同時に、各郡市小・中学校 1 校ずつ、高校は科目別で計 10 校の実験学校（1948 年度から実験協力学校と改称）が設けられた。また文部省の通達に従い、1949（昭和 24）年には岐阜県教育研究所が開設され[34]、年に 1 度中央から学者・知識人を招いて近代思潮講演会等を実施された。そして、1951（昭和 26）年には梅根悟（1903 年 –1980 年）を招いて、岐阜市立加納小学校でカリキュラム大会が開催された。1949 年の県内小学校のカリキュラム調査によると、梅根悟や馬場四郎（1913 年 –1972 年）らが県内主要学校の指導に訪れた影響で、県内の多くが社会科中心のカリキュラムを実施している。

　1952（昭和 27）年度からは、特定の問題に対して県教委が研究校を指定する研究指定校制度となり 1958（昭和 33）年には実験学級が設置された。こうした中で、「武儀プラン」「飛騨プラン」といった地域教育計画や、「長良プラン」「加納プラン」「中有知プラン」といった学校独自の教育計画が現れた[35]。

　中でも、岐阜市立加納小学校の「加納プラン」と岐阜師範学校の代用附属であった長良小学校の「長良プラン」は、戦後の岐阜県の小学校において創り出され、展開された主要なプランと言えるものだった。「加納プラン」は典型的なコア・カリキュラム[36]を実施したものであったが、それに対して「長良プラン」は、基本的に教科の枠を壊すことを否定した「大教科型カリキュラム」であった。この「長良プラン」を担った校長が野村である。筆者は、この「長良プラン」こそ、野村が児童の村で挑戦し獲得した学習方法を、戦後カリキュラム編成に全面的に生かしていったものであると考えている。

（2）「長良プラン」における「部制」

　1945（昭和 20）年の終戦時に、茨城県立下妻高等女学校に勤めていた野村は、年老いた母と晩年だけでも一緒にいようと考えて、岐阜師範学校代用附属長良国民学校校長をしていた友人の川口半平（1897 年 –1990 年）に、

郷里へ帰れるよう骨を折って欲しいと手紙を書いた。川口によって、野村は岐阜市立高等女学校で働けるようになる。こうして岐阜県へ帰郷することができたが、今度は川口も故郷の山へ帰郷したいと言い出し、川口の要望で後任として 1946（昭和 26）年度から長良小学校校長へ着任する[37]。こうして野村は、長良小学校校長として「長良プラン」を推進していくこととなる。野村は「長良プラン」の編成において、「部制」と名付けられた教育システムを提案した。「部制」とは、クラスごとの縦割りグループを作る考え方である。野村は次のように説明している。

> 私の言う部制とは、各学年が第一部第二部第三部（中略）と、私の学校では六部までありますので、それを縦に集めて、第一部学校（一年から六年まで一組宛）第二部学校、第三部学校（中略）と六部の学校を組織したらどうかということです。つまり一つの大きい学校を六つの小さい学校に分割しようと言うのです。勿論、分割と言っても、単なる分割ではありません。何故なら、それは六つの小さい部学校の王国を作るのではなく、一方では縦に六つに割って部学校の活動をするが、一方では横に六つに割って学年の活動もやるのです[38]。

こうした「部制」のアイデアは明らかに、第 1 節で検討した野村が池袋児童の村小学校において考案した「児童の村ハウスシステム」を引き継ぎ、戦後、持続的に発展させようとしたものだったと言える。つまり「部制」は、「児童の村ハウスシステム」と同様の考え方に立って、子どもの生活教育を目指す三位一体的教育構想の土台である「親交学校」を具現化する、協働生活の場を創り出そうとするものだったのである。

野村が長良小学校校長に着任した 1946（昭和 21）年、長良小学校は岐阜一のマンモス校だった。児童の村小学校の頃から少人数教育をモットーとする野村にとって、これを 6 つの小さい学校に分割することは、「教科中心的」かつ「学級王国的」な教育から脱し、生活教育への転換を図る上で必須であった。学校は子どもたちの集団生活の場所であり、子どもには子どもの社会が必要である。仲間の社会の中で共同作業をしていくことを学ぶには、同じ年齢の集まりの学級だけでなく、異年齢の部の集まりが必要であると野村

は考えた。また野村は、単に部学校として、縦割りに分轄するだけでなく、さらにその中に縦割りの専門部を設けて、学校自治を子どもたちが縦割で行うことを提案した。専門部は以下のように考えられた。

　　　社会部 ― 新入生の世話、転校生の世話、全校調査等
　　　家庭部 ― 給食、工作、配給等
　　　健康部 ― 掃除、運動会、遠足、保健等
　　　科学部 ― 実験室、飼育と栽培、子供銀行、子供測候所等
　　　芸術部 ― 音楽会、写生大会、展覧会、学校放送等
　　　文芸部 ― 学校新聞、図書館、劇の会等 [39]

表 3　長良小学校の「部制」

土	金	木	水	火	月	
文芸	芸術	科学	健康	家庭	社会	一部
芸術	科学	健康	家庭	社会	文芸	二部
科学	健康	家庭	社会	文芸	芸術	三部
健康	家庭	社会	文芸	芸術	科学	四部
家庭	社会	文芸	芸術	科学	健康	五部
社会	文芸	芸術	科学	健康	家庭	六部

　野村は、このような「部制」の中で「子供の自治活動」[40] を築き、「子供の自治活動を本当に解放してやりたい」[41] と唱える。このため教師の学級経営において、「全校活動に位置づけられた学級経営」[42] が必要であると考えたのである。さらに、教師と子どもたちの連携で全校活動を考えるために「日番制」を作った。「日番制」とは、毎日各部学校から、教師 1 名、6 年生の子ども 2 名が係になり、全校で教師 6 名、子ども 12 名が始業 30 分前に、その日のプログラムや各専門部活動について打合せをする。そして、そこで話し合われたことを、各学級の朝の会に伝える伝達事項としてまとめる。専門部と部学級が 6 部ずつあるので、各部において違う専門部が出ることによっ

て、すべての専門部が毎日朝の会に参加できる形になっている。表3のように、6部を6日で6つの専門部で組織することによって、全員が全専門部へ参加できる形にシステムが整っていたことがわかる。このように野村は、「子どもたちの自治活動」を重視し、リーダー交代制の民主的なシステムを開発した。

　「児童の村ハウスシステム」と比べてみると、児童の村の頃には、曜日の班が作業部になっていたため、ある曜日にある特定の作業部員たちが特定の部活動を行うということになってしまっていたのだが、「長良プラン」においてはそこが解決されて、日番にはすべての専門部が参加できるように改善されている。考え方の基本は同じだが、「部制」は、「児童の村ハウスシステム」の進化したシステムとして考えられたことがわかる。いずれにせよ、野村は、一貫して、学級や学校運営のシステムを考える上で「子どもたちの自治活動」を中心に考えていた。それは、子どもたちが教師と共に、協働自治の学校改革に参画することを目指すものだったのである。それでは次に、その内容である単元や学習様式については「長良プラン」においてどのように考えられたのであろうか。

（3）「長良プラン」における単元と学習様式

　1950（昭和25）年の「長良小学校の教育計画と運営」[43]によれば、野村は、「長良プラン」編成の中で、まず教育目標として3つの重要な要素があると考えた。それは「人格」「社会」「作品」である[44]。これらの教育目標を達成するために、「自主的な人格の形成」「公正的な社会の構成」「信頼的な作品の生産」という3つの指標が設定されている。そして、これらの指標に即して、「生活単元」（クラブ単元）、「問題単元」（研究単元）、「作品単元」（おけいこ単元）の3つの単元群が割り当てられている。なお、1951（昭和26）年になされた「長良プラン」の改訂で、上記3つの単元は、それぞれ「仲良し学習」「社会学習」「おけいこ学習」へと改称されている[45]。

　このことからは、一見、長良小学校の教師たちの意向から独立したところ

でコア・カリキュラムに類する発想から教育目標が設定され、単元が編成されたようにも見える。当初、長良小学校の教師たちも、野村のプランをそのようなものとして誤解していた。長良小学校の教師たちは教科主義の立場に立ち、コア・カリキュラムのように社会科を中心に考えていくことに抵抗がある教師が多かった。野村はそのことを充分に把握し、長良小学校の教師たちの意向を尊重した。そのため長良小学校では、コア・カリキュラムとは異なり、各教科を残す方向へ進んでいったのである。それは、「大教科型カリキュラム」と言えるものであった。

「長良プラン」のスコープ（領域）についてまとめると次の表4のようになる。

表4　長良小学校単元学習のスコープ[46]

指標	群	教育の場	単元	育成目標	学習様式	適応する教科・活動
自主的な人格の形成	A群	家庭生活 学校生活	生活単元 （クラブ単元）	態度単元	独り学習／ 友達学習	自治会、遠足、栽培、運動会、夏休み、劇発表会など
公正的な社会の構成	B群	社会生活 自然生活	問題単元 （研究単元）	理解単元	友達学習／ 先生学習	社会
信頼的な作品の生産	C群	処理生活 表現生活	作品単元 （おけいこ単元）	技術単元	先生学習／ 独り学習	国語、算数、理科、音楽、図画工作、家庭、体育

野村は、学校における学習指導について、時には能力別指導を行うことも必要であると考えたが、それはいわゆる成績や評価に照らし合わせたグループ分けを言っているのではなかった。むしろ、学習様式を、「独り学習」「友達学習」「先生学習」の3つに分けて考えることにより、一人ひとりの子どもの自主性を育み、能力を認めて育て、社会性指導と学習指導を同時に行うことが可能であると考えたのである。それぞれの学習様式について、野村は次のように説明している。

能力別指導の種々相

私は子どもの学習様式を次の三つに分けて考えている。

 A 独り勉強 ── 子供達が独自に計画作業反省の単元学習とする。

 B 友達勉強 ── 子供達がリーダーを選び、グループ的に協議、協働、合評の単元学習をする。

 C 先生勉強 ── 先生を中心に、技術のおけいこをする[47]。

しかもこれらの学習様式が、表4のA群では「独り学習」から「友達学習」、「友達学習」から「独り学習」、B群では「友達学習」から「先生学習」、「先生学習」から「友達学習」、C群では「独り学習」から「先生学習」、「先生学習」から「独り学習」という形で行われることが望ましいとした。なお、表4中には詳細を記さなかったが、野村はこのような学習様式を意識して、単元内容の特徴をわかりやすく類別している。

　こうしたカリキュラムを考える時、野村は、指導的立場で上からカリキュラムを与えるのではなく、教師たちとの協議と合意の上で実践し、また実践しながら継続的な修正を行っていった。つまり野村は、児童の村小学校時代から一貫して「協働自治」的姿勢から実践現場で試行錯誤し続けていったのである。

　次に、こうした試行錯誤をさらに具体的に明らかにするために、「長良プラン」の実践段階で野村が学校の教師たちと交わしたやり取りについて見ていくことにしたい。

（4）「長良プラン」の実践と模索

　1．「部制」について

　長良小学校には、現・旧職員の交流と結びあいの会として「みどり会」がある。1984（昭和59）年に、設立50周年として『みどり会誌』を発行した。それを読むと、「部制」について、当時の教師たちの戸惑いや葛藤、そして「部制」解消の経緯を窺い知ることができる。「『新教育』を歩み始めたころ」という座談会記録によると、「部制」の始まりの抵抗感について次のように

記されている。

　　ぼくらには敗戦という認識はあったけれど、今までやって来たことに対しては
　　誇りを持っていましたので、アメリカの教育論を拝借して、出直そうという気
　　持ちにはなれなかったのです。そんな心境の時に野村先生が部制論を打ち出さ
　　れ、しかも部制の中でコア・カリキュラムの三本立てだと考えられるシステム
　　を提唱されたのです。これに猛反対したのは、今まで合科教育としてやってき
　　た、文化遺産の伝達と行事と学年が、クラブ単元、おけいこ単元、社会単元と
　　いう名称にかわり、あたかもアメリカのカリキュラム論が、日本語にお化粧し
　　直しておたいこ結びで着物を着て現れたととられたことが一つ。さらに敗戦に
　　はなったが国粋主義によって教育をしていたわけではないので、何もかもアメ
　　リカに負けたのだという感じがなかったことがあっての反発だったと思ってい
　　ます[48]。

その他にも、「『みんな適当にやってくれよ』とおっしゃることで、責任を
転嫁されたという感想を持った」[49]と記されており、「野村先生が、『人間は
自由を確保しなければいけない』という信念を戦前から説いておられて長良
に来られたという断面を、私たちは少しも知らなかったのですね。全く突然
に、アメリカの廻し者が来たから、校長さんの言うことに、すぐに乗っては
いかんという警戒心も多少あったんじゃなかったかと思う」[50]などの意見が
述べられている。それらに対して野村は次のように述べている。

　　私は部制についてどこを主張するかと言いますと、教育の中で、態度の問題は
　　家庭が背負うべきものであって、学校は能力をつけるものでよいと割り切れ
　　ば、あのような煩瑣なものを作る必要はないことになる。家庭が背負いきれな
　　いものを、もう一回修正するという意味で、学校が受け持つならば、ただ同一
　　学年の組織だけでは不十分である。従って、部制のような形をとれば、態度育
　　成の効果はあるのじゃないかと考えたのですね。（中略）教育として、子ども
　　の態度作りの姿勢を、子ども自身の責任において作ってやろうと思うならば、
　　小さい学校でなくてはいけないということなのです[51]。

しかしその「部制」は、やがて解体していくことになる。野村はそれにつ

いて、「たのしいシステムだと思うけれど、骨がおれる」や「態度と能力の
しくみが不十分で、教科の研究とうまく結びつかなかったから」「人数の問
題」などの３つの理由を挙げている[52]。しかしこの解体には、システムの
問題のみならず、野村から次の校長への代替わり、そして長良西小学校の分
離独立という事情も関係していたのである。とは言えこのことは、その当時
の子どもたちが「部制」について親しみを持って理解し、地域に浸透したシ
ステムとして愛着を持っていたことも推察される[53]。

２．カリキュラムについて

　終戦後にコア・カリキュラム運動が始まる頃、長良小学校と加納小学校は
合同で職員会議を行ったが、加納小学校はこれからの時流に乗り、コア・カ
リキュラムの編成に向かっていくべきだと主張したのに対して、長良小学校
は、世間から見捨てられても、おちこぼれても、コア・カリキュラムではな
く教科に生きていこうと主張したのである。教師たちは、「教科の長良」を
堅持したのである。そのため、野村は教師たちと議論を重ね、教科を残す大
教科型カリキュラムとしての「長良プラン」を考案したのであった。「長良
プラン」の骨子が何であったのかという問いに対して、野村は次のように述
べている。

　　私が児童の村へ行った時の経験が、土台になっていますが、その経験というの
　　は、児童画なんですよ。それを持って来て、皆さんに紹介をしたのです。それ
　　は、デグロリー教育です。（中略）児童の村でぼくが持った感想は、（中略）過
　　去の文化を受け継ぐという仕事が、もう一つあるじゃないか、だから児童の村
　　へ行って、私が一年間いろいろと苦しんで迷って、最後の結論に到達したのは、
　　野天学校親交学校です。野天親交というのは、デグロリー学校の精神を受け継
　　ぐ生活教育です。つまり、なるべく自然の中で、子供が仲間作りをしながら生
　　活をさせれば、基本的に人間はどういうふうに生きていったらいいかという態
　　度が、そこで養えるはずです。それに対してもう一つ、学習学校というものが
　　必要なはずです。だから、三本立てというのは、その生活学習と文化学習を、
　　旨く組み合わせるという考え方です。三本立てというのは、コアカリキュラム
　　の考え方ではないのです[54]。

野村はここで、「長良プラン」で提唱した「生活単元」「問題単元」「作品単元」を総称して「デグロリー教育」と呼んでいる。この語は、ベルギーの新教育運動の理論的・実践的リーダーであったオヴィド・ドクロリー（Jean-Dvide. Decroly）の「生活による、生活のための学習」という考え方を表している。過去の文化を受け取るためには「学習学校」も必要であるが、一般に学校というところは、「学習学校」一辺倒になりがちで、子どもの姿勢作りの足場が非常に弱く、先生は往々にして、文化を受け取らせる方法だけを考えてしまう。それゆえ野村は、「生活学習」と「文化学習」をバランスよくするために、第1節で述べたように、午前と午後で学習を分けることを提案したのである[55]。そしてそれは、戦後全国で展開したコア・カリキュラムを導入したものではなく、野村が児童の村の頃から「公立学校にも適応できる」[56]ことを意識して取り組んできた実践の方法を継承したものなのであった。

　このように、野村による「長良プラン」の提起は、1930年代のアメリカのカリキュラム改革運動の影響を受けた戦後新教育期における全国的なコア・カリキュラム編成とは、まったく異なった考え方と方法論に立脚するものであった。野村の「長良プラン」構想は、1920年代に彼自身が児童の村小学校において創り出した、「野天学校」「親交学校」「学習学校」の三位一体的な学校教育構想にもとづき、「生活学習と文化学習を、旨く組み合わせるという考え方」[57]を戦後新教育期に引き継いで持続的に発展させたものなのである。彼自身が言うように、こうした「三本立て」すなわち「野天学校」「親交学校」「学習学校」というのは、「コアカリキュラムの考え方ではない」[58]。

　今日の総合的な学習の時間の可能性と重要な意義は、野村がまさに追求した教育構想とカリキュラム領域、すなわち「仲間作り」の協働生活を基盤に、「子ども文化の創造」を行う「生活学習」（「教科書を作る教育」）を、「文化学習」（「教科書を読む教育」）と並ぶ、学校教育の基軸として立てることに見いだすことができるのである。

第4節　総合的な学習の時間の学習方法の考え方

　総合的な学習の時間の授業は、子どもたちとはどのような学習を生み出していけばよいのだろうか。ここでは、総合的な学習の時間における子どもたちの学習プロセスを、「課題設定」「情報の収集と整理・分析」「まとめ・表現」の3段階に分け、それぞれの段階における留意点について考察してみよう。

（1）　課題設定

　課題設定は重要である。ここで、子どもたちが課題に対して自主的に学ぶことができる姿勢が作られるであろう。もちろん、子どもにすべて任せることが重要であるが、子どもたちの生きてきた短い人生の中だけでは、仲間の発達段階のそれぞれにも合うような課題を的確に見いだすのは難しいであろう。そこで教師の提案と子どもたちの受け止めのバランスが重要になる。

　前節までに紹介した、野村芳兵衛の「生活科」の学習の第一段階である課題設定においては、まず、子どもたちと年間計画を立てることから始めている。年間の計画を自覚することによって、子どもたちは自分自身の予定として、考えることができるようになることが期待できるであろう。

　次に野村は、子どもたちの座談を重んじている。野村は、他の多くの教師たちとは違い、綴方教育を国語科の中に置かずに「生活科」として捉えた。その綴方教育において、児童の村小学校の子どもたちを東京・上野の東京科学博物館へ見学に連れていった時の見学感想文を作る指導の例を挙げよう。

　　私「見学の感想を話さう」
　　純「僕あしかがおもしろかった。バード少将の活動の時、あしかが喧嘩したね」
　　出「あれは、あざらしだろう」
　　私「出穂君、君は何時かあしかの研究を発表したね。あしかは何処にゐたんだねー」

出「グリンランドやアラスカの方だよ。やつぱり氷山などのある方にゐるんだ。でも、バード少将の活動に出たのは小さかつたから、あざらしだらう」

私「もつと何か」

舜　「あしかを見て、あしかと戦う気になれないね、先生、猟師でもさう思ふだろうね」

私「さうかね」

出「僕さうぢやない。やつぱり人間は戦ふよ。みつけたら、すぐやつつける気になるよ」

正「多勢でやるんだから」

吉「僕も」

舜「多勢でも、やつぱり弾丸が外れたら、あしかも群をしてかゝつてくるよ」

正「そりやむつかしくても、やつぱり人間は勝つよ」

出「あしかに乗つて、波の上を行きたいなア」[59]

（記録中の「私」は野村で、「純」は児童の村小学校へ通つていた野村の長男の純、「出」は出穂、「舜」は舜児、「吉」は吉子、「正」は正夫である）

このように、これから取り組むことについて、子どもたちが感じたことを（この場合は体験した感想を綴る前に）話すことが大事である。その行為によつて、事物に対する姿勢が作られるからである。

次に、人の話をしつかり聞くことができると、自分が考えた時に理解できなかつたことも、人の言葉をヒントに理解することができることが多い。自分の意見との違いや発展を、友だちの言葉から見いだせた時、その後に考えるアイデアにも繋がるであろう。

そして、子どもたち自身の中に、学習対象に対する「興味・関心・あこがれ・可能性を感じることができること」が重要である。場合によっては、体験活動をさらに行い、課題設定をする必要がある。子どもたちは、体験を通して初めて対象について具体的に考えることができるようになるからである。

子どもたちの発達段階は一人ひとり違い、話を聞いただけですぐに過去の自分の体験と結び付けることができ、想像することが容易で、課題を十分に理解することができる子どももいれば、あらためて体験が伴わなければ、な

かなか理解することができない子どももいる。この段階では、子どもたち
が、自分なりに課題を理解して取り組むために急いではいけない。教師は
じっくりと取り組む必要がある。また、「話す ― 話し合う・考える ― 体験
する」ことを、状況によっては、何度も繰り返す必要がある。

　このように、課題設定については以下のようにまとめることができる。

〈課題設定をする時の留意点〉
1. 子どもたち同士で課題について話し合う。
2. 課題を想像できる体験活動をする。
3. 「話す ― 話し合う・考える ― 体験する」ことを何度も繰り返すこと
　 により、課題を一人ひとりが自分なりに受け止めることができるよう
　 にする。
4. 子どもたちが課題を受け止めて、自分たちで計画を立てるようにする。
5. 子どもたちが学習対象に対し、興味・関心・あこがれ・可能性を感じ
　 ることができるようにする。

（2）　情報の収集と整理・分析

　情報収集は、体験することによる情報収集と、机上で行う情報収集があ
る。課題設定では、課題理解のための「話す ― 話し合う・考える ― 体験す
る」ことを繰り返した上で課題設定されるが、体験による情報収集は、この
繰り返しの中での気づきを自覚することであろう。

　そのために有効な手段は記すことである。すなわち、体験することによる
情報収集は、「気づきを記す ― 話し合う ― 体験で確認する」を繰り返すこ
とによる情報収集である。

　次に、机上で行う情報収集には、文献によるものとインターネットを活用
するもの、インタビューをまとめることなどがあるだろう。課題設定が明確
になされていれば、この情報の収集は、おのずと自主的なものになるであろ
う。そのため、その際の留意点は、情報の構築方法にある。そしてこのよう

に情報収集したものを整理・分析することは、情報を収集する過程で適時に行う必要がある。また、その整理・分析は、「（3）まとめ・表現」をどのように行うのかということによって左右されることなので、この段階に入ったら、同時並行的に「（3）まとめ・表現」の方法を話し合っていく必要があるだろう。

〈情報の収集と整理・分析の留意点〉
1. 情報収集は体験による情報収集と机上で行う情報収集があることを意識する。
2. 子どもたちが情報として重要であると考えるものはすべて記すよう促す（徐々に有効な情報収集や、情報を編集する能力を高めることに繋がるためには、子どもたちが自分でそれを繰り返す中で考えることが重要である）。
3. インターネットの情報は、信憑性に欠けるものもあることを自覚させる。
4. 情報収集の方法によって、情報の質・扱い方が変わることを自覚させる。
5. 情報収集と整理・分析に費やす時間を意識させることにより、（時間的に）できることが限定されることを自覚させる。
6. 「（3）まとめ・表現」をどのように行うかによって、情報の整理と分析方法が変わるので、「（3）まとめ・表現」の方法を適時に話し合うよう促す。

（3）まとめ・表現

　すでに「（2）情報収集と整理・分析」の段階で、この段階を意識することが重要である。まとめ・表現におけるポイントをさらにまとめると以下のようになるだろう。

〈まとめ・表現の留意点〉

1. 目的や対象によって方法が変わることを自覚させる。
2. 友だちと交流し、活動全体を味わうことが活動全体の満足に繋がることを意識する。
3. 全体のまとめ・表現を経て、新たな発見や、さらに学習したいことを記す機会を作る。
4. 活動の終わりだけでなく、活動する度に、まとめ・表現ができる機会を作る。

まとめ・表現の学習を経て、子どもたちには、また新たな気づきがあるかもしれない。そのことを最後にまた記すことは重要である。そして、全体のまとめ・表現だけでなく、日々の活動の度に、まとめ・表現を行う場を持つことが重要である。例えば、朝の会や帰りの会など活用すると良いであろう。

このように、「課題設定」「情報収集と整理・分析」「まとめ・表現」を、一段階ずつ行うのではなく、何度もスパイラルに繰り返しながらその活動に子どもたちが「ひたる」ことが重要である。そのため、授業時数に関わることなので時間の制限を受けることであるが、パッケージ化して時間割に従ってシステマティックに行うことは避けたい。柔軟な時間配分で取り組めるようにすることが重要である。そのように継続的に学びの段階を引き上げるような活動を行えるように手助けすることが、教師の役割であろう。

注

1） 野村芳兵衛『文化中心新教授法』教育研究会、1925 年、213-214 頁。
2） 同上書、213 頁。
3） 同上書、213 頁。
4） 同上書、214 頁。
5） 同上書、214 頁。
6） 同上書、215 頁。

7)　同上書、217 頁。

8)　野村芳兵衛『新教育における学級経営』聚芳閣、1926 年、23 頁。

9)　同上書、23 頁。

10)　同上書、24 頁。

11)　同上書、22 頁。

12)　野村芳兵衛『私の歩んだ教育の道』（野村芳兵衛著作集第 8 巻）黎明書房、1973 年、24-25 頁。

13)　前掲書 8)、45 頁。

14)　前掲書 10)、103-104 頁。

15)　野村芳兵衛「生活作文三十年」野村芳兵衛・芥子川律治編『生活作文の壁』黎明書房、1958 年、17 頁。

16)　同上書、17 頁。

17)　同上書、18 頁。

18)　前掲書 8)、33 頁。

19)　同上書、33 頁。

20)　同上書、34 頁。

21)　同上書、34 頁。

22)　野村芳兵衛『生活学校と学習統制』厚生閣書店、1933 年、155-156 頁。

23)　同上書、273 頁。

24)　同上書、108 頁。

25)　野村芳兵衛「生活科としての綴方（一）― カリキュラムへの一考察」『綴方生活』第 2 巻第 10 号、1930 年、10-11 頁を参考に筆者がまとめた。

26)　同上書、7 頁。

27)　同上書、10 頁。

28)　同上書、10 頁。

29)　同上書、10 頁。

30)　同上書、11 頁。

31)　同上書、11 頁。

32)　同上書、11 頁。

33)　詳しくは、磯田一雄「コア・カリキュラム運動におけるカリキュラム構造理論の展開」肥田野直・稲垣忠彦共編集『教育課程　総論』東京大学出版会、1971 年を参照。

34)　岐阜県ではまず、1948 年度武儀教育研究所が発足した。所員（教員兼任）5 名、地方事務所が 1 室、経費は PTA と教職員組合が共同で出資、活動はカリキュラム研究が主体の研究所であった。当時、こうした教育研究所は全国で十か所程度であり、全国でも先駆けであった。こうした経緯については、岐阜県編『岐阜県史』通史編 続・現代、巌南

堂書店、2003 年、340 頁を参照。

35)　岐阜県編『岐阜県史』通史編 続・現代、巌南堂書店、2003 年、339-343 頁。

36)　1947（昭和 22）年の学習指導要領（試案）により新設された社会科や自由研究は、全国で活発に取り組まれ、その指導的役割を果たしたのが、梅根悟らを中心としたコア・カリキュラム連盟（略称、コア連）であった。この点については、磯田一雄「コア・カリキュラム運動におけるカリキュラム構造理論の展開」肥田野直・稲垣忠彦共編集『教育課程　総論』東京大学出版会、1971 年、480 頁を参照。1949（昭和 24）年、神奈川県福沢小学校で開かれた第 1 回合宿研究会において、コア連の石山脩平の提案により、コア・カリキュラムとは、「コアを有するカリキュラム」、つまりコアを中心に据えて周辺に他の課程を配するような構造を持ったカリキュラム全体を示すことが確認された。さらにコア連は 1951（昭和 26）年、三層四領域論を発表し、学習面としての日常生活課程、中心課程、系統課程の三層と、学習内容としての健康・経済（自然）・社会・文化（教養、娯楽）の四領域から構成されるカリキュラム構造論を展開した。しかしその後、時代状況の変化の中、カリキュラム改造運動は急速に衰退していった。

37)　前掲書 12）、228-237 頁。

38)　野村芳兵衛「どうすれば児童を融和・協同させることが出来るか？」『教育技術』昭和 25 年 5 月号、28 頁。

39)　同上論文、29 頁。

40)　同上論文、28 頁。

41)　同上論文、29 頁。

42)　同上論文、29 頁。

43)　野村芳兵衛「長良小学校の教育計画と運営」『教育技術』昭和 25 年 5 月号。

44)　おそらく野村は、1947（昭和 22）年に制定された教育基本法の第 1 条から、これらの言葉が重要な要素であると考えたのであろう。

45)　岐阜県教育委員会『岐阜県教育史』通史編 現代、2004 年、135 頁。

46)　表 4 は、野村の前掲論文 43）を参考にして、筆者が作成したものである。A 群、B 群、C 群という呼び方は、野村が仮に呼びやすくするために付けたもので、それ以上の意味は有しない。

47)　野村芳兵衛「能力別指導の実際」『教育社会』第 5 巻第 6 号、1950 年、18 頁。

48)　岐阜市立長良小学校みどり会『みどり会誌 ― 岐阜市立長良小学校付属五十周年記念』1984 年、33-34 頁。

49)　同上書、34 頁。

50)　同上書、35 頁。

51)　同上書、42 頁。

52)　同上書、44 頁。

53)　同上書、42 頁。

54)　同上書、46 頁。

55)　同上書、48 頁。

56)　野村芳兵衛「聞きとり⑦　野村芳兵衛氏にきく　『綴方生活』と歩んで」『綴方生活』
　　復刻版全 15 巻 月報 No.7、1978 年、13 頁。

57)　前掲書 48)、46 頁。

58)　前掲書 48)、46 頁。

59)　野村芳兵衛「見学記を書かせる綴方指導」『小学校』第 51 巻第 2 号、1932 年、20 頁。

第 3 章

地域文化を創造する総合な学習の時間
― 伝統野菜「吹田くわい」をテーマにした
プロジェクト学習の実践 ―

第 1 節　プロジェクト学習を生成する総合的な学習の時間

　総合的な学習の時間は、自ら課題を見つけ、主体的に考え判断し、よりよく問題を解決する資質や能力を育てることや、学び方やものの考え方を身に付け、問題の解決や探究活動に主体的、創造的に取り組む態度を育て、自己の生き方を考えることができるようにすることを目標に設置された時間である[1]。ところが第 1 章で説明したように、何をするのかが明確でなく、学力低下問題と結び付けられて授業時数を削減されてきたのが現状である。どのようにすれば実際の学びの深さだけでなく、学びを可視化でき、客観的にも意味を見いだすことができるのか、文部科学省や大学はもとより現場においても、試行錯誤が繰り返されてきた。

　そもそも総合的な学習の時間には教科書はなく、学習者が何をどのように学ぶべきかという指針は授業者に委ねられ、学習は学習者に任されているはずである。その学校独自の地域に合った教材や学び方を、教師たちが考え進めることができる唯一の時間であるので、これほど拡張的な学習が期待できる授業はないのではないだろうか。それなのになぜ、何を学ぶのかわからない場であると言われることになってしまっているのであろうか。

　そこで本章では、何をするのかが明確ではないとされる総合的な学習の時間について、それを「プロジェクト学習」（project-based learning：PBL）

として捉えることによって、教科の授業や学習とは異なった拡張的な学びを生み出す総合的な学習のあり方と特徴について考えていくことにしよう。そのさい、筆者が 2008 年度から現在まで、大阪府吹田市の公立小学校と共同で持続的に開発し取り組んできた、伝統野菜「吹田くわい」をテーマにした総合的な学習の時間の実践を事例として分析し、学校独自の地域に合った教材を活用した学び方を基盤にした、拡張的なプロジェクト学習がもつ意義と可能性に光を当てていきたい。

「プロジェクト学習」とは、特定のテーマやトピックについて、グループで長い時間をかけて深く探究していくタイプの学びのことである。それは、20 世紀初頭、アメリカの教育学者、ウィリアム・キルパトリック（Kilpatrick, W. H.）によって「プロジェクト・メソッド」として提起された学習方法である[2]。

20 世紀半ばに活躍した教育者である梅根悟によると、アメリカにおいて「プロジェクト」という言葉はもともと、「農学上の実地研究の企画その実施」[3] のことを指すものだった。これを新しい教育方法の原理としたキルパトリックの「プロジェクト・メソッド」について、梅根は次のように紹介している。「生徒が自主的に、あるはっきりした目的をもって、その目的を実現するために一つの企画を立てて、これを実現してゆく活動であるならば、それはすべてプロゼクトであるというのです。プロゼクトとはこれを一言にしていえば『子供が自分で思い立って、意気込んでやる活動』（wholehearted purposeful activity, or, hearty purposeful act.）であるというのです」[4]。

しかし、「子どもが自分で思い立って、意気込んでやる活動」を生み出すことは実際には大変難しい。総合的な学習の時間においてこうしたプロジェクト学習の方法での協働の学びを追求する場合でも、その理念と実際の間にはどうしても常にギャップが生じてくると考えられる。子どもたちが目的をもって、活動の本質にさらに集中できるようにするにはどうしたらよいか。いかにして、活動の中に子どもたちの協働の学びを生み出すことができる

か。

　こうした問題を考えるにあたって根本的に示唆的なのが、日本における「新教育」の代表的な理論家・実践家であった野村芳兵衛の教育思想であるだろう。彼は、第2章でも述べたように東京の池袋児童の村小学校の訓導・主事として、「学習とは、生活の組織化である」[5]や、「自分達が自分達を教育することが学習である」[6]といった革新的な「生活学校」の考え方から、新たな教育思想と教育実践をきわめて独自な形で結びつけ、創造していったのである。

　野村は、生活を組織化していく活動として学習を捉えるとともに、その組織において次のような対立する2つのあり方が生じることを述べている。「その組織は、誰がするのであるか、それは教師がするのだと観れば、教師中心の教育が計画される。又それは児童自身がするのだと観れば、児童中心の教育が計画されるであらう」[7]。こうした「教師中心」と「児童中心」との2項対立について野村は、それを教育の2つの異なる原理の対立へとパラフレーズする。

　　　今までの教育は、何時でも、社会的必要に立つか、子供の興味に立つか、その
　　　何れかであった。教育は、長い間、必要の原理と、興味の原理との二つの間を
　　　カチカチと動く振子であった。（中略）然し、この二点は、お互に完全に対立
　　　したＡＢの二点であるが故に、決して、一方を以て他方を統べることは許され
　　　ないと信ずる[8]。

　それでは、教育という営みの根源的矛盾といえるものを、野村は理論的かつ実践的にどのようにして乗り越えようとしたのだろうか。それは、次のように述べられている。

　　　そこでこの二原理を真に統制する一原則は何であるかと言へば、協働自治であ
　　　る。
　　　　協働自治は、必要と興味を対立させながら、よくこれを統制して行く生活に
　　　他ならない。だから協働自治のみ必要と興味とを統制し得る唯一原則であると

信ずる。
　生活教育の指導原理として、協働自治を持出すのはそのためである[9]。

　こうして、社会的必要でも、子どもの興味でもない、それら第1の原理と第2の原理を総合するような第3の原理となるのが、「協働自治」である。つまり、それは、生活教育の新たな方法原理として、教師の「指導性」と子どもの「自己活動」の間の矛盾をブレークスルーし、統合しようとするものなのである。

　このように野村によって提起された「協働自治」という生活教育の方法原理は、一般的な「協働学習」の考え方と比べ、同じ「協働」という言葉が使われているといっても、大きな概念的異同がある。一般的に「協働学習」という場合、個人学習と区別される学習形態だけが意味されることが多い。それに対して、野村による「協働自治」の概念化には、非常に重要な次のような2つの教育思想的・教育実践的な意味の文脈がある。

　第1は、こうした野村の「協働自治」概念が、彼自身による教育思想的・教育実践的な転回を背景にしている点である。それは、彼の言葉によれば、「教育意識ある教育（私の旧教育）から教育意識なき教育（私の言ふ新教育、即ち協力意志に立つ教育）への甦生」[10] である。つまり、「協働自治」の考え方の背景には、子どもたちへの信頼にもとづく「協力意志に立つ教育」という、根本的に新しい生活教育の方法原理の発見と創造があるのである。

　第2は、これと関連して、「協働自治」概念が、野村の「生活学校」の構想と密接に結びついている点である。彼は「生活学校」を、「学校を共同体社会に組織すること」であるとし、そうした「生活学校」の創造が、「今日の公立小学校に生活の職能を与へる唯一の道」であるとする[11]。つまり、「協働自治」は、子どもたちが生活を自発的かつ協働的に創造していけるような能力の形成と、それを通した新たな共同体社会の建設という野村の「生活学校」構想にとって、鍵となるような概念なのである。

　次節以降では、こうした「協働自治」という生活教育の方法原理にもとづ

いて構想することのできるプロジェクト学習の試みとして、吹田市立小学校における特色ある総合的な学習の時間の実践を事例として取り上げ、そこにおける子どもたちの協働の学びが自発的・能動的な生活創造へ拡張するものであることを検討していくことにしたい。

第2節　大阪府吹田市における伝統野菜「吹田くわい」をテーマにした総合的な学習の時間の実践

　筆者は、2008年度から現在まで、大阪府吹田市の公立小学校と連携・協力して、地域の独自な文化といえる伝統野菜「吹田くわい」をテーマにした総合的な学習の単元開発を進め、子どもたちが多様なパートナーと協働して創り出すプロジェクト学習の実践に取り組んできた。それは、総合的な学習の時間において、協働自治的な生活教育を具現化しようとする実践的な試みでもある。

　「吹田くわい」は、オモダカという雑草が吹田の地で古くに進化した伝統野菜である。写真1は、吹田市立山手小学校で2018年度に行われた4年生の総合的な学習の時間において子どもたちによって収穫された吹田くわいで

写真1　総合的な学習で子どもたちによって収穫された吹田くわい

ある。

　吹田には、淀川に流れ込む３つの川（神崎川、糸田川、高川）がある。そして、吹田は、千里丘陵の、養分の多い地下水があふれる肥沃な沼田が多い土地だった。きれいな水と肥沃な土地が、オモダカという古来から日本に多い植物を、吹田くわいに進化させたのである。そのため、吹田くわいは、スーパーで一般に売られているくわいとは学術名を異にする。形や味は似ているが、まったく違うルーツの植物である。

写真２　吹田くわいの雌花

写真３　吹田くわいの雄花

　江戸時代の狂歌師、蜀山人（大田南畝）は、銀座役人として大坂（現在の大阪）に滞在していたとき体験した吹田くわいの美味しさについて、「思い出る　鱧の骨切りすり流し　吹田慈姑に天王寺蕪」と詠んでいる。また、豊臣秀吉が、その美味しさに魅せられて取り寄せて植えさせたと伝えられている、吹田くわいをルーツとする「東寺くわい」が京都にある。

　このように、栗のような甘味があって美味しいという定評のある、吹田名産の吹田くわいであったが、宅地開発や除草剤などの影響と、そもそも半野生植物であったので、人々に栽培する習慣がなく、そのため収穫量が減り、

昭和30年代にはほとんど絶滅の状態となってしまった。しかし、昭和40年代頃から、吹田くわいを復活・再生させることに取り組む市民団体「吹田くわい保存会」が設立され、その地道で粘り強い保存運動によって、今日、18品目（2021（令和3）年から19品目になる）ある「なにわの伝統野菜」の一つに数えられる吹田の特産物として、現代によみがえっている。「なにわの伝統野菜」とは、「近世期以降のなにわ大坂の歴史と、淀川や大和川などの河川や豊かな瀬戸内海に開けた商産業都市大坂を中心とする摂河泉の地域風土や、全国との交流によって創られ栽培され改良され、その形状や風味や食味に特徴があり、本来の『なにわ料理』の素材や料理方法に必須の野菜（品種や系統）」[12]のことである。具体的に述べれば、近世期以降から明治末期に栽培されていたもので、今ではほとんど作られなくなってしまったものや、大阪府外に産地移動してしまったものも、「なにわの伝統野菜」は含んでいる。

　また、現代における吹田くわい復活の立役者は、吹田市江坂町で長年、吹田くわいとなにわの伝統野菜の再生と栽培に果敢に取り組んできた専業農家、平野紘一さんである。平野さんの畑は、都市緑化植物園である服部緑地の南、淀川の支流である神崎川のさらに支流、高川近くにある。高川から江坂大池にかけて引かれた水路脇に位置し、大変水に恵まれた場所に、平野農園はある。先に述べたように、そもそも吹田くわいは、オモダカが川の畔の肥えた土地で育って進化した植物である。吹田の南、とくに神崎川とその支流の糸田川と高川に囲まれた地域は、千里丘陵のたくさん養分を含んだきれいな地下水のあふれる地域である。古来、吹田くわいを育んできたそのような環境の中に、平野農園はある。

　地域に根ざし、有機栽培を基盤にした伝統野菜の生産をはじめ、都市近郊農業の新たな持続的発展に挑戦する平野さんを強力なパートナーとして、2008年度に筆者は、吹田くわいをテーマにした協働のプロジェクト学習の単元を、吹田市立山手小学校の総合的な学習の時間において開発し実践していくことを開始した。このプロジェクト学習で最初に子どもたちと取り組ん

写真4　子どもたちによる吹田くわいの圃場づくり

写真5　校庭に生み出された吹田くわいの圃場

だのは、写真4にあるように、山手小学校の校舎の裏にあった、使われていない砂場の土地の改良であった。砂場の砂を吹田くわいの栽培に適した土に入れ替え、土の下にビニールシートを入れて保水した水田を、吹田くわいの圃場として作り出したのである。写真5は、完成した圃場である。

　こうした校庭での吹田くわいの圃場づくりでは、平野さん、そして大阪府北部農と緑の総合事務所の職員で農業技術の専門家である粕谷幸夫さんや同僚の上田昌弘さん、吹田市役所で農業振興を担当する職員の方々などが、全面的にサポートをしてくださった。また、この圃場づくりの後の子どもたち

による吹田くわいの栽培においても、これら学校外の地域の多様なパートナーの協力・支援のもと、地域文化を自分たちで創造していくことに参加する協働のプロジェクト学習が生成していったのである。

　吹田くわいは、これを育て観察して、進化した歴史を調べることにより、地域の風土や歴史を知ることができる野菜である。小学校4年生にとって「吹田くわい」は、地域学習に繋がるテーマであり、社会科と教科横断的に学習が進められる教材である。また、植物であるため、理科とも教科横断的に学習が進められる教材となっている。栽培活動に関して言えば、吹田くわいをテーマにした総合的な学習は、写真6にあるような植え付け → 写真7と8にあるような観察 → 写真9にあるような収穫、というように校庭の圃場を舞台にしてわかりやすいステージを踏んで学習活動が進んでいく。

　以下の2つの節では、こうした吹田くわいの総合的な学習の時間の実践を事例にして、協働プロジェクト学習としての総合的な学習の時間のあり方や特徴、意義と可能性について検討してみたい。まず次節では、総合的な学習の目標となっている、「探究的な学習」から「自己の生き方を考えていく」学習への発展について、取り上げることにしよう。

写真6　子どもたちによる吹田くわいの植え付け

写真7　校庭の圃場で育つ吹田くわい

写真8　校庭の圃場での吹田くわいの成長を観察ノートに
　　　　記す児童

写真9　植え付けの授業風景

第3節　総合的な学習の時間におけるミメーシスと自己変成の
　　　　学び

　子どもは、標準的な社会生活を営める大人の知識をそもそも生まれながらに持っているわけではなく、成長する過程で学び、大人になっていく。それゆえ、学齢期における知識の獲得という作業は必要であるのはいうまでもないが、知識は使わずに時間が経てば、薄れて失っていくものであることも確かである。第1章で詳しく検討したように、現行の小学校・中学校学習指導要領（2017年改訂）では、総合的な学習の時間について、「探究的な学習」から「自己の生き方を考えていく」ことへと学習を発展させていくこととしている。そのさい、知識を探究し生きる力に換えてゆくことは、「ミメーシス」[13]により「メタモルフォーゼ」（自己変成）をするということなのではないだろうか。このことに関連して、教育学者である高橋勝は、教育学者である教育人間学の立場から次のように述べている。

子どもが大人になるとは、どういうことなのか。それは共同体において単に生産を担う力を獲得するということだけではないはずである。多様な他者と関わり合い、熟達者の振る舞いを模倣し、老人の知恵を学び、人間の有限性を自覚し、異界とのつながりをも感じ取る、そうした多元的で重層的な関係を積み上げていくことなのではないか。学ぶとは、知識を伝達される過程である以前に、まず模倣行為（Mimesis）であり、状況に参加していく行為であったのではないか [14]。

　高橋はミメーシスに「学ぶ」ということの原点を見出している。つまり、近代教育学が陥ってきた、子どもの主体的学習か、教師による教授か、いずれか一方の二項対立的な「学び」ではない「学び」とは、共同体で先人と若者がともに活動し、その流動的な時間の流れの中で自然に起こるミメーシスに見いだされるのではないだろうか。この行為の発生は、協働の活動の中にのみあり、他者から模倣したものを自分で活用できるものとして取り込めたとき自分の中に「学び」を生み、学んだものを活用するとき「創造」が生まれる。「創造」したものをさらに「探究」することで、子どもたちは、それまでの自分から、メタモルフォーゼしていくのである。このようなサイクルを生み出す状況は、高橋のいう共同体においての「多様な他者との関わり合い」、対象を通した「異界との関わり合い」によるものなのである。

　ドイツの哲学者・教育学者であるクリストフ・ヴルフ（Wulf, C.）は、高橋と同様に教育人間学の観点から、「ミメーシスによる世界との出会いは、あらゆる感覚を使ってなされ、その過程の中で感覚の鋭敏さがみがかれる。ミメーシスによる世界解明という子どものこうした能力は、その後の大人になってからの感覚的・情緒的な感受性を良質なものにするための前提を形作る」[15] と、子どものミメーシス的活動が、精神的な体験能力の発達に対してもつ重要性を強調している。幼児期においては、「ミメーシスは子どもの学習形態そのもの」[16] と位置づけることができよう。しかし、それだけでなく、学齢期においても、そして生涯にわたる人の学びにおいても、その目標は、「経験できる力」をつけること、つまり学びを学ぶ力を発展させること

であり、そのことはミメーシス的行為や振る舞いの過程を通してなされていくのである[17]。そこでは、「他者」が重要な役割を占めており、他者性を認めつつ関わることがミメーシスを生むと考えられるのである。

　ヴルフは、今日の新たな教育のあり方として、「文化横断的な学び」（transcultural learning）を提唱し、それが、「ミメーシス的な学び」（mimetic learning）、「学びのパフォーマンス性」（performativity of learning）、「探究的な学び」（inquiry learning）、「学びとコミュニケーションの儀式」（rituals of learning and communication）という4つの展望をもつことを述べている[18]。このうち、「ミメーシス的な学び」について、「ミメーシス的な学びの過程は、単にコピーをする過程なのではない。むしろ、それらは、模倣という創造的な過程なのである。その過程において子どもたちは、異なる他者や異界、あるいは異文化に、自律的な方法で出会う。それによって日常環境の拡張が起こることになるのである」[19]と述べている。

　それでは、各教科等で習得した知識・技能を相互に関連づけながら横断的・総合的な課題について解決する、探究活動としての総合的な学習とは、どのような「学習」であるのか。それは、高橋やヴルフのいう「多様な他者や異界との関わりの中で生じるミメーシスとメタモルフォーゼ」に見いだすことができるのではないだろうか。例えば、2008年度に吹田くわいをテーマにした総合的な学習の実践開発を開始するとき、吹田市立山手小学校校長の浅野龍夫さんは、次のように語ってくれた。

　　僕はね、やっぱり吹田くわいがおもしろいなって思うのは、今の時代的背景の
　　中で平野さん（前述の吹田くわい生産農家―引用者注）が、資本主義はもう
　　次の時代に入ってるよ、というようなイメージを子どもたちにアピールしはる
　　ということです。物ができるとか、君たちが働いたことが食料としてよみが
　　えってくる楽しさとか、また、人間の本来もっている第1次産業のおもしろさ
　　や夢とか…。子どもも僕らも消費ばっかりで生きてきた世代じゃないですか。
　　消費だけじゃなくてひょっとしたら、いま、世界をこれからリードしていくの
　　は、第1次産業であり、物を生み出していくことである、と。
　　　…くわいの教材のね、テーマね、僕やったら「吹田くわいはもうかる

か？」って単元名にしますね。それで副題を「もうかるってそんなに素敵かなあ」ってつけて、1年間子どもと考えますね。(インタビュー、2008年6月10日：吹田市立山手小学校校長室にて)

　浅野校長は、子どもたちが農家の平野さんから、「資本主義はもう次の時代に入ってるよ」というようなイメージを受け止めて、第1次産業の夢やおもしろさの訴えを感じてほしいと語るが、これこそまさに、平野さんに感化され模倣することを期待した、通常の教科学習にない学びを教師たちが組み立てようと思案している姿勢の現れであると促えられる。浅野校長は、子どもたちが平野さんから、くわいについて、あるいは農業について、多くの事柄を学んでもらいたいと考えているが、それだけではなく農業に対する平野さんの姿勢や思い、生き方を感じてほしいと願っている。それは、学校外の地域社会において、子どもたちが多様な他者や世界から感化されることを期待したものである。

　吹田くわいをテーマにしたこうしたハイブリッドな協働学習の実践開発については、2010年度から吹田市立北山田小学校2年生の生活科授業においても開始された。その後、2011年度からは、3年生の総合的な学習の時間に実践開発の取り組みを移し、それまでは、北山田小学校においては、くわいのバケツ栽培による学習であったのを、筆者との関わり合いの中で、平野さんの参加と協力を得ながら、くわいの圃場づくりと栽培へと転換することになった。

　2010年度、くわいのバケツ栽培の授業の中で、北山田小学校2年生の担任教師である本郷佳代子先生は、子どもたちに「観察の方法」について、「五感をフルに使って比べよう」と提案した。五感については授業の中で、1. 目(色、形、数。よく見る)、2. 鼻(においを感じる)、3. 耳(音、声。よく聞く)、4. 口(味を感じる)、5. 手・足(触って感じる)という定義が行われた。そして、こうした5感を使って「比べる」ことが「観察の合言葉」であることが、子どもたちに話されていった。

　例えば、2年生は長さの単位をまだ習っていない。そこで観察日記を書くとき、前回よりどれだけ大きくなったかを示すにはどうしたらよいかを、子どもたちは考えることになった。ある子どもは「アストロ棒」[20]を作り、観察のたびごとにしるしをつけていったのである。また、ある子どもはひもをもってきて、それにしるしをつけていった。さらに、紙に葉っぱを押しつけて周囲をなぞる子ども、ノートの端を定規のように使う子どもなど、思い思いの道具と表現で、「前回に比べてどう変化したか」を記録したのである。

　こうした変化を見つける五感と呼べるものは、年間を通じたくわいの栽培において養われていった。収穫のとき、バケツをひっくり返すと、子どもたちは「くさい！」「バケツの底が緑だよ」と口々に言い、そのことがどうしてなのかの疑問をもつことになった。一緒に支援していた、前述の大阪府北部農と緑の総合事務所の職員で農業技術の専門家である粕谷さんに、さっそくそのことを質問することになった。バケツの底は酸欠になるので土の周りが緑色になりやすいのである。先に述べたような「観察の合言葉」を持ち、専門家も交えながら協働で変化を探しながら観察を進めていくと、子どもたちの中に自ら変化に気づいていく「観察眼」が形成されるようになる。このような授業こそ、まさに模倣的な観察活動であり、それを通して子どもたちが感化されていくことを期待できる取り組みなのである。

　以上のような地域の多様なパートナーとともに生み出されるハイブリッドな総合的な学習は、教科書や教室の閉ざされた壁を打ち破り、学校の外側に存在する多様な他者や異界といった社会的世界との出会いを経験することを通して、自己の変成を遂げていくような学びを強力に示唆するものである。探究的な学びとは、こうした多様な他者や異界に感化されることによってもたらされる創造的なミメーシスとそれにともなう自己のメタモルフォーゼの過程として、実現されていくものと考えられるのである。

第4節　拡張的学習としての総合的な学習

　前節で詳しく検討したように、総合的な学習の時間は、「探究的な学習」から「自己の生き方を考えていく」ことへと学びを「拡張」していく大きな可能性を持ったカリキュラム領域である。つまり、総合的な学習の時間は、フィンランドの活動理論家であるユーリア・エンゲストローム（Engeström, Y.）の言う「学びの拡張性」[21]を生じさせる豊かな潜在力を持つのである。

　エンゲストロームは、「拡張性を認めること」について、「学習が教授者の手を離れて、学習それ自身によって方向づけられていく可能性を受け入れること」[22]であると述べている。さらにエンゲストロームは、拡張について3つの次元を示している。それは「(1) 社会的 — 空間的次元、(2) 時間的次元、(3) 政治的 — 倫理的次元」[23]である。そして、それぞれについて次のように説明している。まず「社会的 — 空間的次元」は、活動に加わる人々や状況の範囲を超えていくことである。次に「時間的次元」は、活動の時間的展望を未来と過去へと拡張することである。第三に、「政治的 — 倫理的次元」は、活動が人間や社会にもたらす当たり前のこととされてきた影響をあらためて可視化して問い直し、そのような影響に対して、行為者としての責任を引き受けていくことである[24]。

　総合的な学習の時間について、こうした拡張の3つの次元の観点から分析と考察を行うことは可能であろうか。そこで本節では、2018年度に吹田市立山手小学校で行われた、吹田くわいの総合的な学習の実践を事例にして、総合的な学習の時間の大きな特徴といえる拡張的な学習が生成しうる状況について検討してみたい。

　2018年度は、山手小学校で2008年度に吹田くわいの総合的な学習の実践が開始されてから11年目になる。その間、この吹田くわいの総合的な学習は、①植え付け、②観察（新聞作りや模造紙のまとめ作り）、③収穫、④パンづくりのパターンで10時間程度の単元構成のものとなってきている。

　2018年度は、5月14日5時間目に植え付けが行われた。その後は観察が、理科や社会の授業、総合的な学習の時間の授業で行われていった。そして、12月7日5時間目に収穫の授業が行われた。

　収穫したくわいは、2019年1月29日に「吹田くわいパンづくり」の実習が行われて、パンにトッピングして食べられた。パンづくりの実習のために前日の1月28日には、保護者、パンづくりに協力し指導・支援をしてくれるパン工房店主である渡辺明生さん、ニッポン（株）の担当社員、担任教師たち、そして支援者である筆者が、材料の計量作業を行った。そして当日、支援者たちは、朝8時半に集合し、パンが焼き終わる13時まで作業分担をして、子どもたちがスムーズにパンづくりができるようサポートした。その概要は以下の通りである。

吹田市立山手小学校4年生　総合的な学習の時間の単元「吹田くわい」

【児童数と学級数】106名、3学級（2019年1月29日現在）

　【支援者】白井俊彦校長先生、パン工房店主の渡辺さん、吹田市役所農業担当職員、ニッポン（株）の担当社員、保護者約20名、吹田くわい収穫指導の農園経営者 平野さん、大学教授（筆者）

【スケジュール】

1月28日

11：00

　筆者が吹田くわい収穫指導の農園経営者 平野さんの農園を訪ね、実習に必要となる、収穫量の不足分の吹田くわいを農園経営者から寄付していただき受け取る。

16：00〜18：00

　パン工房店主の渡辺さん、ニッポン（株）の社員、筆者、保護者と担任教師が小麦粉、はちみつ、塩、砂糖、酵母の計量と、吹田くわいの洗浄、カット、計量をする。

1月29日

8：30

　パン工房店主の渡辺さん、ニッポン（株）の社員、筆者、保護者と担任教師は家庭科室に集合し、家庭科室、図工室、多目的室の準備。

9：00

　多目的室に児童、教師、支援者全員が集まり、挨拶。全体挨拶の後、多目的室と図工室でパンの工程やパンや粉についての話を聞き、パンを寝かせる休みの時間は教室に帰るという形で、3クラスが別々に動く。子どもたちは最後に整形し、家庭科室に持っていく（写真10と11を参照）。家庭科室では保護者が、子どもたちから受け取ったパンをオーブンで焼く。そして保護者は、出来上がったパンを教室へ届ける（13時ぐらいにすべてのパンが焼き上がった）。

写真10　「吹田くわいパン」を作るパン工房店主の渡辺明生さんと子どもたち

写真11　子どもたちが作った、焼く前の「吹田くわいパン」

　このような総合的な学習の実践は、学習者である子どもたちにとって拡張的学習になっているだろうか。ここでは前述したようなエンゲストロームが規定している拡張の3つの次元を観点として、吹田くわいの総合的な学習の拡張性について検討してみよう。

　学習者である子どもたちにとって、担任教師たち以外に校長先生、農園経営者、パン工房店主、市役所農業担当職員、ニップン社員、保護者、そして大学教員との関わりを考えると、「社会的 ― 空間的次元」の拡張があると言えるであろう。このような活動でなければ、小学校実践に関わることのない仕事に携わる大人たちが連合して関わることにより、子どもたちの学びの空

間は、学校外に社会的広がりを持つ学びのネットワークへと拡張していっているのである。

　また、吹田くわいという、その土地で進化して野菜になったものの歴史性や、将来いかにその伝統野菜を伝え守っていくかということを授業で考えることは、「時間的次元」が拡張した学習になっていると考えられる。このように考えると、この総合的な学習の時間において、「社会的 — 空間的次元」と「時間的次元」は間違いなく拡張的であると言うことができる。問題は、「政治的 — 倫理的次元」である。「当たり前のこととされてきた」ことを問い直すことによって学習が拡張する次元こそ、エンゲストロームが言う拡張の「政治的 — 倫理的次元」である。以下、総合的な学習における「政治的 — 倫理的次元」の拡張の可能性について、さらに詳しく検討していくことにしよう。

　エンゲストロームは拡張の「政治的 — 倫理的次元」について、2つの挑戦があると述べている。第1は、「何が学ばれるのか、それはなぜか？」ということであり、第2は、「学習の社会的影響はどのようなものか？」ということである[25]。そもそもこの「政治的 — 倫理的次元」の「政治」という言葉は、どのような意味があるのであろうか。「政治」という言葉の語源が、古代ギリシアのポリスにあることは自明のことであろう。ポリスという言葉は、現代の「政治」という言葉から想像されるような、国家における権力をめぐる配分や統治や争いに関わる意味ではなく、平等な市民の関係を表していた。「政治的 — 倫理的次元」における「政治」と「倫理」は、人間集団における平等な関係とそのためのルール（秩序）を、自律的に自己省察して築いていくことであり、権力や支配に関わる秩序の問題ではないのである。

　野村芳兵衛の綴方教育論は、実はこうした「政治」と「倫理」の問題と密接に関連している。野村は、1930年代に打ち込んでいた綴方教育をめぐり、北方性綴方教育のような、苦しい生活台を子どもたちが表現する綴方とは違う綴方について語る中で、「自然に徹する自覚こそそのままに道徳的教養の確立なのである」[26]と述べている。そして、客観的、科学的に事実を把

握することにより、「いかに生きたらいいかが自覚される」[27]と言う。野村は雑誌『綴方生活』の「聞きとり」で、北方性綴方教育における貧困の問題を、教育の領域でどのように考えているかという問いに対して、もしいわゆる「政治的」に解決するなら失業のない社会を作るということに向かうであろうけれども、教育においては、「一人の人間が受けて立つという立場の問題」[28]として考えていると述べている。野村における「政治」はいわゆる「政治」ではなく、村に集まって共有林などで木を伐って生きていく村の生活のことであり、お寺に集まって村のことを相談したりお経を唱えたりすることであった。エンゲストロームの言う「政治的 ─ 倫理的次元」も、そのような個の自主性とコミュニティの問題ではないだろうか。

　こうして、総合的な学習における「政治的 ─ 倫理的次元」の拡張性は、何よりも活動の当事者である子どもと教師にとって活動が自覚的なものとなっているかどうかという活動の自主性に関わっていよう。特に総合的な学習では、自分事として何をするかが、子どもたちに任されていることが決定的に重要となる。そのことが、「政治的 ─ 倫理的次元」での学習の拡張へ繋がっていると考えられる。つまり、「政治的 ─ 倫理的次元」は、他の２つの次元とは違い、学習者自らの手によってしか作り出すことができない次元なのである。拡張性というのは、「学習が教授者の手を離れて、学習それ自身によって方向づけられていく」[29]ことであるから、まず教授者はそもそも学習を方向付けようとしていて、学習者も自覚的に学習を進めるという前提がなければ、その手を離れ思わぬところに拡張していくということは成立しないことになる。子どもたちが自主的・自覚的に進める中で、そもそも設定する、あるいは目標とすることとは違った、思わぬ方向に学習が進むことにより拡張していくのである。

　また、こうした「政治的 ─ 倫理的次元」での学習の拡張のあり方は、ジョン・デューイ（Dewey, J.）が「訓練」とは区別する「仕事（オキュペーション）」の概念にも通底するものである。デューイによれば、「仕事（オキュペーション）」とは、学校においてじっくり取り組む活動のことである。対

して訓練というのは、漢字を覚えさせるために書き続けることや、ドリルを何度もやることによって、説き方の型を身につけることである。ここでデューイは、知識を身につけることを否定しているのではない。そうではなく彼が強調するのは、学校における仕事（オキュペーション）が、「日常的な業務をたんに実際的に工夫したり、その様式を整えたりするにすぎないものであったり、調理師や裁縫師や、あるいは大工にするための技能の上達を習得するようなことであってはならない」[30]ということである。デューイは、学校はそのような訓練の場ではないと断言する。

　総合的な学習について教師たちによく問題にされてしまうのは、「この総合的な学習の〜では算数で学んだ…が活用出来たらよい」というような、学習を細分化して教授する、単なる教科学習の寄せ集めに陥らせてしまうようなことである。総合的な学習の陥りやすい残念な授業である。すべてに説明責任を果たそうとする教師の安心感からか、国の求めるカリキュラム・マネジメントの弊害か、授業をすべて、細分化された内容の寄せ集めにしてしまうのである。それでは総合的な学習のよさや意味が失われてしまうのではないだろうか。

　また、細分化された総合的な学習にはその細々とした課題それぞれに正解が発生する。教師の求める正解探しの問答に意義を見いだすことはできない。総合的な学習が、教科学習ではなく創造的な力を育む学習であるはずがそのようになってしまうことにより、デューイの言う「子どもが表現すべき思想をもつ」[31]ということからかけ離れてしまい、子どもたちは言葉を失っていくのである。そのようであるから、「ハイ・スクールの教師が生徒たちに、なんとかして言語を自発的に過不足なく使わせるように」[32]苦労する状況が生まれてしまうのである。つまり、そのようにして、総合的な学習が、それに求められていることとは、かけ離れた結果に繋がっていってしまうのである。

　エリ・エス・ヴィゴツキー（Vygotsky, L. S.）は著書『子どもの想像力と創造』の中で、子どもの創造性について言及している。彼は、子どもの「創

造的な想像の活動は非常に複雑」で、「子どものさまざまな年齢期で異なった形をとる」ものであり、子どもの空想がすべて豊かな創造に繋がるものではないと言う[33]。それは大人に比べて、圧倒的に経験が不足しているからである。しかし過渡期を経て、想像は主観的なものから客観的なものに変わり、「想像力は思考力と結びついて、今度は歩調を合わせて進んでいきます」[34]と言う。つまり、子ども期の創造的想像活動は、後の思考力にとって非常に重要な活動なのである。そこで鍵を握るのは、想像される創造物の質ではなく、想像活動そのものである。総合的な学習の時間が細切れの、知識受容型の、教科学習に落とし込まれてしまっては、本来あるべき想像活動を停止させてしまうのではないだろうか。

　このようなことから、学びの拡張の「政治的 ― 倫理的次元」は、子どもたちが活動の創造的想像にひたる上で非常に重要な次元であり、委ねることや任せることなしでは、その次元での学習の拡張はありえないということが理解できる。総合的な学習の時間は正しい答えを求めるための授業ではない。想像活動における自分の課題を自分で見つけ、自分なりに取り組んでいくこと自体に価値がある。そのことの繰り返しに、「いまだここにないもの」との出会いがあり、創造活動の営みが生まれるのである。

注

1)　文部科学省『今、求められる力を高める総合的な学習の時間の展開 ― 総合的な学習の時間を核とした課題発見・解決能力、論理的思考力、コミュニケーション能力等向上に関する指導資料（小学校編）』2010 年、5-7 頁を参照。

2)　Kilpatrick, W. H., "The project method", *Teachers College Record*, 1918, Vol.19. No.4, pp.319-335.

3)　梅根悟『新教育への道』（改訂増補版）誠文堂新光社、1951 年、254 頁。

4)　同上書、258 頁。

5)　野村芳兵衛『生活学校と学習統制』厚生閣書店、1933 年、97 頁。

6)　同上書、57 頁。

7)　同上書、97 頁。

8)　同上書、24 頁。

9)　同上書、25 頁。

10)　野村芳兵衛「動機より見たる教育の甦生 — 協力意志に立つ教育とその実現」『教育の世紀』大正 15 年 11 月号、68-69 頁。

11)　野村芳兵衛「生活学校とは？ — 岩手県世田米小学校でのA君と私との会話」『生活学校』昭和 10 年 3 月号、1 頁。

12)　なにわ特産物食文化研究会編著『なにわ大阪の伝統野菜』農山漁村文化協会、2002 年、10 頁。

13)　「ミメーシス」は単なる「模倣行為」ではない。それには対象の自発的な選択と再創造が必ずともなっている。ここでは、「ミメーシス」が創造の過程をともなう模倣であることを強調するために、「模倣」とせずにそのまま「ミメーシス」と表記する。

14)　高橋勝『経験のメタモルフォーゼ —〈自己変成〉の教育人間学』勁草書房、2007 年、57 頁。

15)　クリストフ・ヴルフ／高橋勝監訳『教育人間学入門』玉川大学出版部、2001 年、33 頁。

16)　同上書、42 頁。この点については、Wulf, C., "Mimesis in early childhood: Enculturation, practical knowledge and performativity", in M. Kontopodis, C. Wulf, & B. Fichtner, eds., *Children, development and education*, Dordrecht, Springer, 2011 も参照。

17)　同上書、18-19 頁。

18)　Wulf, C., "Education as transcultural education: A global challenge", *Educational Studies in Japan: International Yearbook of the Japanese Educational Research Association*, 2010, No.5, pp.43-45.

19)　Ibid., p.44.

20)　新聞紙を角から細く巻いていき、対極まで巻き上げて作った棒。

21)　ユーリア・エンゲストローム／山住勝広監訳『拡張的学習の挑戦と可能性 — いまだここにないものを学ぶ』新曜社、2018 年。

22)　同上書、10 頁。

23)　同上書、8 頁。

24)　同上書、9 頁。

25)　同上書、9 頁。

26)　野村芳兵衛「生活科としての綴方（二）— 自然観察の原則と方法」『綴方生活』第 2巻第 11 号、1930 年、11 頁。

27)　同上論文、11 頁。

28)　野村芳兵衛「聞きとり⑦　野村芳兵衛氏にきく『綴方生活』と歩んで」『綴方生活』復刻版全 15 巻 月報 No.7、1978 年、12 頁。

29)　前掲書 21)、10 頁。

30)　ジョン・デューイ／市村尚久訳『学校と社会　子どものカリキュラム』講談社学術文庫、

1998 年、78-79 頁。

31)　同上書、117 頁。

32)　同上書、117 頁。

33)　レフ・セミョーノヴィチ・ヴィゴツキー／広瀬信雄訳『子どもの想像力と創造』新読書社、2002 年、52 頁。

34)　同上書、57 頁。

第 4 章

総合的な学習の時間における「ひたる」活動の生成
― 岐阜市立長良小学校の「こどう」の時間の実践分析 ―

　本章では、総合的な学習の時間を、子どもたちが実践に「ひたる」活動としている例を紹介し、検討していきたい。第2章から説明してきた総合的な学習の時間の考え方が、実践を見ていくことでより理解しやすいものになると思われる。

　ここで取り上げるのは、岐阜県岐阜市立長良小学校3年生で行われている実践であるが、この活動について検討するにあたり、まず、この学校の教育に対する考え方の独創性について、歴史的に検討することとしよう。

第1節　岐阜市立長良小学校における総合学習の変遷

　岐阜市立長良小学校は、1934（昭和9）年に岐阜師範学校が岐阜市の加納から長良に移転してきたのを機に、岐阜師範学校代用附属小学校になる。それ以来、「附属には附属としての一つの姿勢」が要求されて、「職業教育のレッテル」があったこの学校は、「教科に精進する訓導が並んだ」ことから、「教科に生きる」という教育観を伝統的に持つ学校となっていった。そして、戦後の新教育の時代に、野村芳兵衛が校長として赴任する。野村が校長を務めるようになってからも、「教科の長良」の側面は失われることはなかった。しかし野村は、第2章や第3章でも述べたように新教育の時代に教育実践を行ってきた人物であったので、自由教育に対峙してきた教育観は、長良に来

てからも生きてくることになるのである。

　1958（昭和33）年、学習指導要領改訂の機に、長良の教師たちが打ち出した研究主題「子どもの側に立つ教育」は、教師たちが作り出したものであるが、「野村芳兵衛によって切り開かれた人間教育の思想と実践を淵源とし、長良小学校において歴史的に創造され発展させられてきた」[1] 指導観であったことが、『子どもの側に立つ学校 ── 生活教育に根ざした主体的・対話的で深い学びの実現』（2017年）の「座談会1　野村芳兵衛先生の教育を語る会」の中で語られている。「座談会1　野村芳兵衛先生の教育を語る会」は、野村芳兵衛が長良小学校校長だった頃、若手教師として活躍した7名の元教師たちによって行われた座談会を記録したものである。長良小学校には「みどり会」という教職員の組織があり、7名の元教師たちもそれに所属している。『子どもの側に立つ学校 ── 生活教育に根ざした主体的・対話的で深い学びの実現』の出版を機に、7名の元教師たちは、長良小学校と野村芳兵衛の教育を振り返るために集まった。長良小学校に勤務する時代、野村はどのような教育観で子どもの教育を考えていたのであろうか。座談会の中では、次のように語られている。

　　やはり芳兵衛先生が「子ども」という言葉を何にでも使ったからです。それまでは「何々小学校自治会」というような名前で呼ばれていたのを「子ども会」にしようとかね。それから図書館は「子ども図書館」にしようとか、「子ども劇場」とか、「子ども音楽会」とか、いろいろなことに「子ども」と頭をつけるようになった。それがだんだん県下にも広がり、全国的にも多くなってきた。長良小学校の教育目標を考えるとき「子どもの側に立つ教育」という言葉がでてきたのも、やはり芳兵衛先生の「子ども」について考えていこう、子どもの目で見ていこうという姿勢が大きな影響を及ぼしていると思います[2]。

「みどり会」では、ほぼ10周年ごとに自らの教育を振り返るべく、会員が執筆する冊子を発行している。野村は、50周年を機に発行された『みどり会誌 ── 岐阜市立長良小学校付属五十周年記念』（1984年）の中で、「子ども達は小さい時から、自分の生活の責任を自分で持つように育てるべきで、その

ような教育をしようと思うと、子どもを信頼して学級経営をやらねば」[3] ならないと述べている。

　その頃の日本の教育状況を確認してみると、戦前の日本の公教育は、教育勅語に支配されており、国民は臣民として天皇に忠誠を尽くし、命を投げ出す滅私奉公が最高の徳目とされていた。1945（昭和20）年にポツダム宣言を受諾して国家が無条件降伏してからは、教育勅語を頂点とした天皇制公教育が侵略戦争に国民を駆り立てたという反省から、GHQ の指導の下、さまざまな教育改革がなされる。憲法・教育基本法の成立などの戦後の教育改革は、天皇制国家が独占していた教育権を国民へ開放し、国家主義と軍国主義の教育から民主主義の教育へという画期的な教育の転換をもたらした。

　そのような戦後の教育改革の中、各地で「コア・カリキュラム」運動が起こる。これは、1943（昭和18）年に、アメリカのヴァージニア州教育委員会から出された学習指導要領の改訂版である「ヴァージニアプラン」の影響である。「ヴァージニアプラン」は、学問や知識のまとまりを軸に教科を定立する教科カリキュラムではなく、子どもの生活や経験を軸としたカリキュラムであり、そのプランの中心を「コア・コース」と呼び、社会生活の主要機能からなるスコープと、生徒の興味・関心に基づくシークェンスを組み合わせたものである。また、「コア・カリキュラム」運動勃発の要因は、大正期から昭和期にかけて、「児童中心主義」の考え方である「大正新教育運動」の影響でもあった。現代の教育学者の中には、この「コア・カリキュラム」が、総合的な学習の時間の基になると捉えている者も多い。野村芳兵衛が訓導・主事を務めた池袋・児童の村小学校は、この時代の末期に、新教育を推進する学校として存在した。しかしそのような中でも、野村が子どもの自発性よりも前に重んじたことは「自分の生活の責任を自分で持つように育てること」であった。

　野村は戦後故郷に帰郷して、岐阜市立長良小学校の校長になる。その頃、このような戦後の「コア・カリキュラム」運動の中、各地に特色的な教育方法として教育プランが誕生した。第2章第3節で検討したように、野村が長

良小学校で推進した「長良プラン」もその一つであったのである。「長良プラン」において野村が強調したことは、「子どもになまの生活を開放する」[4]ということと、「仲間作りをさせる場を与えること」[5]であった。さらに野村は、「民主的な社会に生きて行く、生き方の躾」[6]は、「お説教などでできるものではない」[7]と言い、「毎日の家庭生活又は学校生活を通して具体的に躾けられて行かねばなら」[8]ないと述べている。このような野村の教育観から「長良プラン」では、子どもたちの自治活動を推進し、「子供図書館を経営させるとか、給食を経営させるとか、子供の実験室を経営させるとか、動植物の飼育栽培から、子供測候所の経営、学校放送や学校新聞、運動会、写生大会、遠足、劇の会など」[9]、子どもたちに任せることを第一とした。そして野村は、1946（昭和21）年から1953（昭和28）年まで長良小学校で校長を務めてから、同じ岐阜市立の徹明小学校校長へ異動になる。このような全国的に広がった戦後の新教育運動は、1950年代には急速に衰退していくこととなるが、長良小学校においては、野村の指導観を引き継ぎ発展させていこうとした教師たちの思いが「子供の側に立つ教育」という言葉に表されて継承されていったのである。

第2節　岐阜市立長良小学校の総合的な学習の時間の意味づけ

　長良小学校において総合学習は、他の小学校には見られないような特徴的な歩みを辿る。その始まりは、野村芳兵衛が長良小学校校長を務めていた時教頭であった吉岡勲が校長になった時（1967（昭和42）年から1970（昭和45）年）の「ひらがな活動」にある。『みどり会誌 ― 附属五十周年記念』によると、吉岡は「私は、野村先生のやり方に、割合に批判的だった方ですけども…」[10]と語っている。前述した7人の元教師たちのインタビューの中でも、吉岡が教頭であった当時、野村の行っていた「長良プラン」に反対していたことが語られている。しかし野村は「吉岡先生によって、私の気持ちは、生かしてもらえたような気がします」[11]と、吉岡が校長になってからの

ことについて、後の座談会で述べていることが、『みどり会誌 ― 附属五十周年記念』には記されている。吉岡は野村の行った教育活動を「ひらがな活動」として整理し、具現化していったのである。吉岡の教育構想は、4つの分野で考えられた。「三学級三担任制」と「あおぞらの時間」「いずみの時間」「みずのわの時間」の「ひらがな活動」である [12]。このようにして吉岡勲校長の下、1968（昭和43）年に「ひらがな活動」はスタートした。教育姿勢は「生きてはたらきかける子ども」であり、「あおぞら」は「健康」、「いずみ」は「創造」、「みずのわ」は「仲よし」の、目標に結び付く活動の名称であった。そして内容としては、「いずみ」と「みずのわ」は、特別教育活動の領域で考えられたものであるのに対し、「あおぞら」は体育と教科の合科で考えられた [13]。

　教科外の総合学習として考えられた「あおぞら」は、「青空のもとで教育目標の健康を正面からとりくみ、第二・第三の目標である創造と仲よしを両足にふまえたもの」[14] であった。この活動の願いは「子どもが心身ともに健康で生きている生活をさせたい」[15] ということであり、「児童の欲求する暮らしがなんであるか」[16] を追求することにある。なによりも「『たくましさ』を支える心身の健康」[17] の育成が目的であった。そのため、「あおぞら」の実践の特徴を3つ挙げるなら、まず1つ目は、子どもが心から楽しめる遊びを追求することである。子どもが無気力であったり、何をやらせても中途半端であったりするのは、子どもがやりたいと心から欲していないからである。本来の子どもの生活を取り戻すということは、本来の欲求を取り戻すということである。そのような活動をめざすことにより、少しでも心の健康を取り戻すことができるのではと考えられた。2つ目に、自然に触れさせるということである。「自然の持つ力に気づかせ、人間の健康にとって不可欠の存在であることを身体を通して身につけさせていく」[18] ということである。そのために「数多くの場」を与える。「あおぞら」は、近くの雄総山に出かけたり、長良川に出かけたりして、そこでできるさまざまな活動を行った。そして3つ目に、計画・運営に子どもを参加させることにより、自主的・社

会的な能力をつけさせるねらいがあった[19]。

　これらの特徴は、活動の目的を達成するために、例えば雄総山に登る実践の場合は、すでに家族で行ったり友だちと行ったりしている山ではあるが、そのような「行く」というだけでは経験にならないと考えた。「経験として意識させるためには彼等に生活をあたえなくてはならない」[20]というのである。「生活をあたえる」ということは、思い思いに夢中になって、服の汚れや手足の汚れや傷の痛みも忘れて遊びまわることである。雄総山には、「よじ登る崖があり、転げ落ちる坂あり、身をかくす草むらあり、好奇心がそそられる洞」[21]がある。そこで遊びまわり汗をかき、身体が熱くなった子どもを木陰に入れてあげると、子どもはどのような反応をするのであろうか。木陰の涼しさ、空気のおいしさ、水のおいしさを味わったとき沸き起こる感情。こういったものを十分感じながら身体を動かす体験をすることが、「生活」であると考えたのである。このように吉岡の時代の教師たちは、「いかなる境遇に合っても打開し得る活力」[22]がある心と身体の健康を育成する目的で、「あおぞら」を展開したのである。

　その後、長良小学校が大規模校であったため分割し、長良東小学校が誕生した年の 1974（昭和 49）年、新たな形として横山克己校長の下で再検討された「ひらがな活動」は、「いぶきの時間」「みずのわの時間」「いずみの時間」「ひかりとつちの時間」となり、自主・連帯・創造・健康の 4 つの柱に整えられる[23]。「あおぞら」は「ひかりとつち」に名称変更していくのである。そして「ひかりとつち」は、『心豊かに生きる』によると、「学年のテーマに基づいて、長良の地域に息づいてきた自然や文化・人々などに触れ合って、生きた現実の教材に立ち向かい、自らの意志で追求し、自らを太らせようとする『心の教育』を創意した総合学習」[24]と位置付けられ、1993（平成 5）年、総合学習「みがき」へと名称を変更した。さらに『心豊かに生きる』によると、長良小学校のめざす子供像は「郷土を愛し、人間性豊かに生きぬくたくましい子」であり、「心身の健康を基盤として、進んでやりぬき、仲間とくらしを創り上げ、自分で感じ見いだしていく（健康の下に自主・連

帯・創造を培う）子供像」であると書かれている。そしてこの4つの能力である「自主・連帯・創造・健康」は「子供に期待する目標具現の姿勢」であり、「生きる目標として貫き通す願い」であると述べられている。そしてその内容は、現在でもなおまったく変わらず、長良小学校の教育目標として掲げられているのである[25]。

　1999（平成11）年にまとめられた冊子『総合学習「みがき」』の「はじめに」に書かれた、その当時の校長であった奥村怜の言葉によると、「みがき」は次のことを大切にした指導計画である。

> こま切れの指導ではなく、じっくりと時間をかけて取り組むものであること。
> (1)　何を指導するかが一目でわかること。
> (2)　どこで、どんなことを留意し、発するかをわかりやすく表現すること[26]。

　このような目標を持って、「年間指導時数105時間分の計画が机上のものあってはならないということを心に秘め」[27]指導計画を熟考した。現在、文部科学省の指導の下、学習指導要領でキーワードとして掲げられている言葉に「カリキュラム・マネジメント」という言葉があるが、その意味は、文部科学省によると「どのような教育課程を編成し、どのようにそれを実施・評価し改善していくのか」[28]である。このような「みがき」の目標をみると、そのことがスタート時点にはすでに、長良小学校では掲げられていたことがわかる。

　「みがき」の言葉に込められた願いは、「原石は、そのままでは光を放たない。『みがく』ことによってのみ、その石固有の光を放つ」[29]ということである。そして「可能性の光を秘めた子どもたちが、自己の可能性に気づき、より一層心豊かに美しく輝くことを願い」[30]、この「みがき」という名前をつけたと説明されている。また、そのような願いから考えられる学習内容については、「①郷土の豊かな自然に学ぶ。②郷土の人々が生きている姿に学ぶ。③郷土に息づく文化に学ぶ」とし、「自分と自然」「自分と社会（人々）」「自分と文化」という見方を大切に「みがき合い」の活動を生み出したので

ある[31]。また、子どもの、ただの体験活動にならないようにするのが教師の指導援助であり、「場」の設定と指導課程を明確にした。「場」とは、「どこで」「何を」「どのようにするか」ということであり、また段階的には「気づく場 → 考える場 → 深める場 → 求める場」[32]である。「みがき」の実践としては、「低学年：原体験となりうる活動、中学年：目的を持った体験活動、高学年：課題を持ち追求する体験活動」[33]とねらいを定め、「年間を通した長期的な展望に立って活動全体を構想」[34]することが目標とされている。実践の場の設定について、対象とどのように出会わせたらよいか、活動をどのように仕組むか、意図的に位置づけ、子どもたちを立ち止まらせたり、深く考えさせるような場へと促していく教師の適切な指導援助はなにか、教師自身がしっかり考えて指導することが重要であるとしている。

　例えば、『総合学習「みがき」』には、「菓子職人の仕事」について学ぶ実践として、「菓子作りの挑戦」の例がある。それによると、学習対象として協力を得た菓子職人は、「菓子の袋詰めの様子をいつも優しく笑顔で説明」してくれる師匠であり、「子どもが考え、質問することには親切に応えていただける」師匠であるが、「子どもが心をつかい、かよわす姿へと高めていくには、師匠のこれまでと違う面に気づく必要がある」として、教師は子どもたちが師匠に菓子作りを挑戦する場を設定する。子どもたちは、菓子作りの方法やコツを徹底的に調べて、菓子作りに挑み、商品として売れるかどうか、師匠に判断を仰ぐ。その時の、できた菓子を見つめ講評する師匠の目は真剣そのもので、それまでの優しい目と違う職人のまなざしである。「上手に作ったけど大きさが違うね。同じものを10個作れないと商品にならないんだよ」と話す師匠に、教師は「同じというのはどういうことなんですか」と尋ねる。この一言に応える師匠の表情に表れたプロ意識が、子どもたちに実感してもらいたい「職人の職業観」や「生き方」なのである[35]。

　現代の学習指導要領では、「郷土教育」が重視され、「社会に開かれた学校づくり」が求められ、また、これまでの授業では実践が伴わないという反省から「カリキュラム・マネージメントの明確化」が問われているが、長良小

表5　岐阜市立長良小学校の総合的な学習にかかわる年表

西暦	和暦	校長名	総合学習にかかわる特記事項	国の総合学習にかかわる特記事項
1946	昭和21	野村芳兵衛		日本国憲法制定
1947	昭和22			教育基本法制定
				学校教育法制定
				学習指導要領試案
				コア・カリキュラム連盟（日本生活教育連盟）発足
				学習指導要領試案改訂（経験主義推進）
1948	昭和23		「長良プラン」スタート	
1951	昭和26			
1953	昭和28			
1958	昭和33	太田武夫	研究課題「子供の側に立つ教育」	学習指導要領改訂（系統主義への転換）
1968	昭和43	吉岡勲	「ひらがな活動」いずみ、みずのわ、あおぞら	学習指導要領改訂（教育内容の現代化）
1974	昭和49	横山克己	「ひらがな活動」いずみ、みずのわ、ひかりとつち	
1977	昭和52			学習指導要領改訂（ゆとり教育のはじまり）
1988	昭和63	高橋彰太郎	「ひらがな活動」いぶき、いずみ、みずのわ、ひかりとつち	
1989	平成元			学習指導要領改訂
1993	平成5	山口正和	「ひらがな活動」いぶき、くらし、いずみ、みずのわ、みがき	（新しい学力―生活科導入）
1998	平成10		総合的な学習の時間「みがき」スタート	学習指導要領改訂（生きる力の育成総合的な学習の時間導入）
1999	平成11	奥村怜	『総合学習みがき』刊行	
2008	平成20	玉木隆	総合的な学習の時間「こどう」スタート	

学校においては、以上のように「あおぞら」から始まった総合学習が、「ひかりとつち」「みがき」と名称を変更しながら発展してきた活動理念をみても、すでに明確な目標を掲げた活動であることは明らかである。

第3節　岐阜市立長良小学校3年生「金華山はかせになろう」の実践

　長良小学校では「みがき」の集大成を試みて活動の見直しを経て、1998（平成10）年から2年かけて総合的な学習の時間「みがき」に位置づけた。そして2008（平成20）年、玉木隆校長の時代に、総合的な学習の時間「こどう」がスタートする。さまざまな問題が指摘される総合的な学習の時間について、現在、長良小学校ではどのような取り組みをしているのか具体的に検討したい。

　長良小学校では『総合的な学習の時間全体計画』と『こどう年間指導計画』という冊子を作成している。これらは、すべての学年の総合的な学習の時間「こどう」の年間計画をまとめたものである。これによると、2018（平成30）年度の長良小学校3年生は、「金華山はかせになろう」の実践に取り組んでいる。金華山の登山を通して、四季の変化を追い、登山道のおすすめスポットを見つける実践である。この活動は、まず4月の段階でこれまでに知っていることを皆で共有するところから始まる。そして、金華山には「瞑想の小径」「七曲り」「百曲がり」「馬の背」の登山道があり、やさしいコースから登山を試みる。金華山の登山をしながら、自然を目で見たり手で触れたり、五感で確認する。筆者は、1学期に2回登山を終えた後の3回目の登山から同行し、登山前と登山後の授業にも参加して、子どもたちの様子の変化を観察した。その概要を記したい。

岐阜市立長良小学校3年生 総合的な学習の時間「こどう」
「金華山はかせになろう」
【児童】3年1組25人、3年2組25人（2018年9月30日現在）
【担任教師】3年1組篠田耕佑、3年2組鈴木伸一

写真1　瞑想の小径

写真2　登山道にあった親鸞
の言葉

【9月11日の登山】

8：45学校出発 ―（登り → 瞑想の小径、下り → 百曲がり）― 12：30学校へ帰る

　瞑想の小径は、場所によっては細い道や、岩がごつごつしているところがあったが、程よい難しさのコースであった。百曲がりは階段の道であり、かなり整備されていてとてもやさしいコースだった。子どもたちは、クリップボードを肩から襷にして下げて、見つけたことがあると立ち止まってメモを取った。登山後の授業は、見つけたものをすべて話す振り返りの授業を行い、子どもたちは見たものを、思い思いに発表し、共有した。

【10月16日の登山】

8：45学校出発 ―（登り → 馬の背、下り → 七曲がり）― 12：30学校へ帰る

　馬の背コースに登る前に、次の登山には軍手と滑らない運動靴が必要であると、子どもたちに言われた。その通り、手を使わずには登れないコースだった。金華山がチャートという堆積岩の山であることがよくわかるコースである。ゴツゴツした岩肌の道や木の根が張り巡らされた道を、両手を使って登っていく箇所がたくさんあった。

写真3　馬の背コースの根を
　　　　登る子どもたち

写真4　馬の背コースの岩を
　　　　登る子どもたち

　登山を終えた後の授業は、基本的には前回と同じような、五感を使って何を感じたのかを話す場になっていた。しかし今回は、少し違う展開に発展する。子どもたちからコースを比較しながら気づいたことを発表しようという課題が出されたのである。その中で特に盛り上がった議論が2つあった。1つ目は「他のコースに比べて、馬の背コースは木が多いか、少ないか」という議論である。馬の背コースでは、大木の根が張り巡らされているところを苦労して登った記憶から、木が多いと感じる子どもたちがいたのに対し、瞑想の小径や百曲がり・七曲りでは、落ち葉で足が滑りそうになった記憶から木が多いと感じる子どもたちがいた。篠田耕佑先生が皆の発見を聞きながら板書をしていたが、「馬の背は木が多い」「馬の背以外のコースは木が多い」という、2つの意見に注目するように促した。「この2つはまったく反対のことを言っているね」と、「先生の違和感」を話したところから、同じメンバーで同じ山を登ったのにもかかわらず、まったく違う感覚を得ていることが明らかになった。また、このような確認がその後の観察にも繋がる。そして篠田耕佑先生は最後まで、どちらの登山コースの木が多いと感じたかとい

うことについてさらに追及したり、決めつけたりしなかったことが、子どもたちの次の観察のモチベーションに繋がっていることを感じた。

　2つ目に、「今までのコースとは反対側にも登山コースがあるのではないか」という発言である。今までのコースがすべて学校に近く、あるいは途中まで一緒の4コースであるという子どもの指摘は、とても興味深かった。これについては、鈴木伸一先生がそのことを登っている時耳にして、すぐ調べられていた。そして、そこで、調べたら他にもコースがあったという報告になったのである。これまでは、4コースだけだと信じてしまっていた子どもたちを、また新たな気持ちでこの学習に向かわせることになりそうである。そもそも、教師たちがそのようにしようとした結果ではなかったが、教師たちが子どもたちの声に耳を傾ける姿勢がとても良い結果を生んでいると言えよう。

　以上のように、1学期に2回の登山を経て登った3回目の登山の後と、4回目の登山の後では、子どもたちの活動後の話し合いの質が変化し、大変興味深い議論に発展したことがわかる。

　4回目の授業の後に、担任の鈴木伸一先生と篠田耕佑先生に話を聞いたところ、「金華山はかせになろう」という授業は、子どもたちの体力づくりにも繋がっていることがわかった。最初の登山では、一番やさしいコースを往復するだけで疲れてしまった子どもたちが、徐々に慣れて、観察できるようになったということである。なるほど、筆者が同行したのは3回目と4回目の登山であり、登ることに余裕が出てきていたので、登山道でさまざまなものを見つけたり、観察ノートを書いたり、登山道の難易度を上げたりできるようになったのである。そしてこの後、11月22日と12月4日に登山が予定されている。子どもたちは3年生の間に、あらゆるコースを歩き、6回の登山をするという授業になっているのである。

　長良小学校では秋の授業研究発表会に向けて、小冊子『長良の教育』を作成しているが、その冊子によると総合的な学習の時間「こどう」は、「育てたい4つの心（心身の健康）」があり、それは「かかわろうとする心」「夢中

になる心」「やりぬこうとする心」「求め続けようとする心」である ³⁶⁾。さらに次のような説明がある。

　　『こどう』は、【自主】【連帯】【創造】の基盤にあたる【健康】を具現する一つの手立てである。長良という空間にどっぷりとつかり、土と光にまみれた子どもたちは、心身ともに健やかに育ち、長良という郷土を自己の中にどっしりと揺るぎないものとする。つまり、それが郷土への愛である。子どもたちは、将来、遠きにつけ、近きにつけ、郷土の長良の心音「こどう」が自己の中に確かに存在することを自覚する ³⁷⁾。「こどう」という言葉は「心の音」という意味である ³⁸⁾。3 年生の「金華山はかせになろう」をみても、長良の総合的な学習の時間は、何度も登山を繰り返し、活動に浸ることで見えてくるものを、自然の中から子どもたち自身の力で発見し、調べたり考えたりして、じっくりと追求していくことを大切にしていることがわかる。

　このように自己の「心の音」を自覚し、活動を繰り返して浸ることが、長良小学校の総合的な学習「こどう」なのである。

　野村芳兵衛は自伝的著書である『私の歩んだ教育の道』の中で、池袋・児童の村小学校時代に学級経営の 3 つのしくみの一つとして「野天学校」の意味について述べている。「子どもたちを野天の中で、思う存分あそばせるのならば、子どもたちは、そのあそびの中で、からだを鍛え、またやってみて発見したり、なってみて発想するにちがいないし、そこから、子どもらしい作品を産むにちがいない」³⁹⁾ と言い、そしてそのことが「子どもたちを、あしたに生きさせて行くエネルギーであるはずだ」⁴⁰⁾ と述べている。第 2 章第 1 節で検討したように、野村は学校教育において、「野天学校」「親交学校」「学習学校」という三位一体の教育構想を持っており、子どもの遊びの中から学ぶことで身につけることができる学びと、大人が子どもに伝承しなければ学ぶことができない学びがあり、それらが学習の中にバランスよくあることが、教育には必要であると考えている。長良小学校で行っている「こどう」は、まさに野村の「野天学校」の考え方に近いと言えるであろう。

　新教育時代の遺産であると言われている「総合的な学習の時間」は、日

本の新教育に多大な影響を与えたアメリカの進歩主義教育の「プラグマティズム」を代表する教育思想家、ジョン・デューイ（Dewey, J.）の著書『学校と社会』にある次のような文意を参照すると、その意義についてあらためて考えられるであろう。それは、もしここに「箱を作りたい」と思っている子どもがいるならば、箱を作るための「道具や工程についての知識が嫌でも必要になって」[41]きて、その子どもがそれでも「本能的にやりたいと思っていることを実現し、箱を作るのだとすれば、訓練や忍耐力を獲得したり、障害を克服しようと努めたり、また同時に多量の知識を獲得する多くの機会に恵まれる」[42]ことになるであろうと述べている点である。

　子どもが興味関心を持ったものに対して、自ら話し合い実験を繰り返すという作業を「一年間おこなうことによって、子どもたちは、知識を得ることが目的や目標であると公言している学校において、事実を学習することだけの教室におけるよりも」[43]、自分たちが探究した分野の知識は「はるかに精通するように」[44]なるし、「たんに訓練という目的のためだけにと、恣意的に決められた問題の解決が課せられている場合よりは、いっそう豊かに注意力が訓練され、さらに豊かに解釈力、推理力、鋭敏な観察力、連続的な反省思考力を持つに至る」[45]と、子どもたちが本能的に興味を持ったものに対して、じっくりと取り組んでいくことの価値について、デューイは述べている。このようなことから考えると、長良小学校の1年間浸りながら大きな課題を持って取り組む「こどう」が、子どもたちにとって、いかに価値ある学習になっているかは明らかである。

　「ひたる」という言葉には、「ある境地などに入りきる」という意味がある。岐阜市立長良小学校の総合的な学習の時間は、各学年に、1年間の大きな課題が掲げられている。そしてその課題を追求するための活動は、まさに「ひたる」ことを貫く。

　長良小学校では「自主」の「ひらがな活動」として、「いぶき」を行っている。「いぶき」は、朝と夕に行う学級活動であり、この「いぶき」によって、長良小学校の子どもたちの1日は自主的なものになっていく。「こどう」

は「こどう」だけでよい活動になっているのではなく、「いぶき」によって活動の能動性が生まれていると言っても過言ではない。総合的な学習の時間に求められる力のうち、「知識・技能の何を理解しているか、何ができるか」という点においても、「いぶき」において、今日の学習は何を目標にするかを子どもたち一人ひとりが言葉にしてお互いに語り合い、明確に意識した上で、「こどう」活動を行うことによって達成されるのである。また、「いぶき」で自覚をもった姿勢で一つの課題を繰り返し行うことにより、自然に、徐々に気づきが高度化し、高い水準の成果が臨まれている。さらに「思考力・判断力・表現力」についても、次々と場が変わる中ではそれを理解するだけで精いっぱいになってしまうが、「こどう」は基本的に同じ活動の繰り返しの中でじっくり考えることを大事にしているので、深く考え創造が広がる。このように長良小学校の子どもたちにとって、「こどう」の計画と実践は、年間を通した目標を追求する横糸となり、「いぶき」は、日々の目標を追求する縦糸となり、体験とそこで得た学びが子どもたちの身体に編み込まれていくのである。

　本章では、これからの「総合的な学習の時間」を考察することにあたり、長良小学校で行われてきた「こどう」に着目することにより、じっくり「ひたる」活動と子どもたちの深い思考について考えることができた。しかし、「こどう」活動をする日々の成長を考える上で「いぶき」との関連については、最後に述べたが、長良小学校の「ひらがな活動」全体の関わりの問題として、今後、さらなる検討と吟味が必要である。

注

1) 山住勝広「はじめに」『子どもの側に立つ学校 ― 生活教育に根ざした主体的・対話的で深い学びの実現』北大路書房、2017、ⅲ頁。

2) 同上書、143-144頁。

3) 『みどり会誌 ― 岐阜市立長良小学校付属五十周年記念』岐阜市立長良小学校みどり会、1983年、42頁。

4) 同上書、48頁。

5) 同上書、48 頁。

6) 野村芳兵衛『あすの子供』岐阜県教育図書、1950 年、42 頁。

7) 同上書、42 頁。

8) 同上書、42 頁。

9) 同上書、42 頁。

10) 前掲書（6）、54 頁。

11) 同上書、53 頁。

12) 岐阜大学教育学部付属岐阜市立長良小学校『生きぬきはたらきかける子どもをめざして ―3 学級 3 担任制を足場にして』1968 年、4 頁。

13) 同上書、4 頁。

14) 同上書、6 頁。

15) 同上書、6 頁。

16) 同上書、6 頁。

17) 同上書、41 頁。

18) 同上書、44 頁。

19) 同上書、44 頁。

20) 同上書、45 頁。

21) 同上書、46 頁。

22) 同上書、46 頁。

23) 1988（昭 63）年、「自主」に「くらし」が加わり、「自主」の具現は「いぶき」と「くらし」になった。

24) 山口正和「まえがき」『心豊かに生きる』岐阜市立長良小学校、1917 年。

25) 同上書、「まえがき」。

26) 奥村怜「はじめに」『総合学習「みがき」』岐阜市立長良小学校、1999 年。

27) 同上書、「はじめに」。

28) 文部科学省 HP:「カリキュラム・マネジメント」の重要性
https://www.mext.go.jp/b_menu/shingi/chukyo/chukyo3/siryo/attach/1364319.htm
2021.3.30 取得。

29) 前掲書 26）、1 頁。

30) 同上書、1 頁。

31) 同上書、3 頁。

32) 同上書、4 頁。

33) 同上書、4 頁。

34) 同上書、4 頁。

35) 同上書、5 頁。

36）　岐阜市立長良小学校『平 30 長良の教育』2018 年、17 頁。

37）　同上書、17 頁。

38）　同上書、17 頁。

39）　野村芳兵衛『私の歩んだ教育の道』（野村芳兵衛著作集第 8 巻）黎明書房、1973 年、
　　　104 頁。

40）　同上書、104 頁。

41）　ジョン・デューイ／市村尚久訳『学校と社会　子どものカリキュラム』講談社学術文庫、
　　　1998 年、101 頁。

42）　同上書、101 頁。

43）　同上書、114-115 頁。

44）　同上書、115 頁。

45）　同上書、115 頁。

〈巻末資料〉

■平成 29 年改訂　小学校学習指導要領　　第 1 章　総則、第 5 章　総合的な学習
　の時間
■平成 20 年改訂　小学校学習指導要領　　第 1 章　総則、第 5 章　総合的な学習
　の時間
■平成 10 年改訂　小学校学習指導要領　　第 1 章　総則（第 3 に総合的な学習の
　時間の取扱い有り）
■持続可能な開発のための教育（ESD）に関するグローバル・アクション・プログ
　ラム

■平成29年改訂　小学校学習指導要領

第1章　総則

第1　小学校教育の基本と教育課程の役割

1　各学校においては、教育基本法及び学校教育法その他の法令並びにこの章以下に示すところに従い、児童の人間として調和のとれた育成を目指し、児童の心身の発達の段階や特性及び学校や地域の実態を十分考慮して、適切な教育課程を編成するものとし、これらに掲げる目標を達成するよう教育を行うものとする。

2　学校の教育活動を進めるに当たっては、各学校において、第3の1に示す主体的・対話的で深い学びの実現に向けた授業改善を通して、創意工夫を生かした特色ある教育活動を展開する中で、次の(1)から(3)までに掲げる事項の実現を図り、児童に生きる力を育むことを目指すものとする。

(1)　基礎的・基本的な知識及び技能を確実に習得させ、これらを活用して課題を解決するために必要な思考力、判断力、表現力等を育むとともに、主体的に学習に取り組む態度を養い、個性を生かし多様な人々との協働を促す教育の充実に努めること。その際、児童の発達の段階を考慮して、児童の言語活動など、学習の基盤をつくる活動を充実するとともに、家庭との連携を図りながら、児童の学習習慣が確立するよう配慮すること。

(2)　道徳教育や体験活動、多様な表現や鑑賞の活動等を通して、豊かな心や創造性の涵かん養を目指した教育の充実に努めること。

　　学校における道徳教育は、特別の教科である道徳（以下「道徳科」という。）を要として学校の教育活動全体を通じて行うものであり、道徳科はもとより、各教科、外国語活動、総合的な学習の時間及び特別活動のそれぞれの特質に応じて、児童の発達の段階を考慮して、適切な指導を行うこと。

　　道徳教育は、教育基本法及び学校教育法に定められた教育の根本精神に基づき、自己の生き方を考え、主体的な判断の下に行動し、自立した人間として他者と共によりよく生きるための基盤となる道徳性を養うことを目標とすること。

　　道徳教育を進めるに当たっては、人間尊重の精神と生命に対する畏敬の念を家庭、学校、その他社会における具体的な生活の中に生かし、豊かな心をもち、伝統と文化を尊重し、それらを育んできた我が国と郷土を愛し、個性豊かな文化の

創造を図るとともに、平和で民主的な国家及び社会の形成者として、公共の精神を尊び、社会及び国家の発展に努め、他国を尊重し、国際社会の平和と発展や環境の保全に貢献し未来を拓ひらく主体性のある日本人の育成に資することとなるよう特に留意すること。

(3)　学校における体育・健康に関する指導を、児童の発達の段階を考慮して、学校の教育活動全体を通じて適切に行うことにより、健康で安全な生活と豊かなスポーツライフの実現を目指した教育の充実に努めること。特に、学校における食育の推進並びに体力の向上に関する指導、安全に関する指導及び心身の健康の保持増進に関する指導については、体育科、家庭科及び特別活動の時間はもとより、各教科、道徳科、外国語活動及び総合的な学習の時間などにおいてもそれぞれの特質に応じて適切に行うよう努めること。また、それらの指導を通して、家庭や地域社会との連携を図りながら、日常生活において適切な体育・健康に関する活動の実践を促し、生涯を通じて健康・安全で活力ある生活を送るための基礎が培われるよう配慮すること。

3　2の(1)から(3)までに掲げる事項の実現を図り、豊かな創造性を備え持続可能な社会の創り手となることが期待される児童に、生きる力を育むことを目指すに当たっては、学校教育全体並びに各教科、道徳科、外国語活動、総合的な学習の時間及び特別活動（以下「各教科等」という。ただし、第2の3の(2)のア及びウにおいて、特別活動については学級活動（学校給食に係るものを除く。）に限る。）の指導を通してどのような資質・能力の育成を目指すのかを明確にしながら、教育活動の充実を図るものとする。その際、児童の発達の段階や特性等を踏まえつつ、次に掲げることが偏りなく実現できるようにするものとする。

(1)　知識及び技能が習得されるようにすること。

(2)　思考力、判断力、表現力等を育成すること。

(3)　学びに向かう力、人間性等を涵かん 養すること。

4　各学校においては、児童や学校、地域の実態を適切に把握し、教育の目的や目標の実現に必要な教育の内容等を教科等横断的な視点で組み立てていくこと、教育課程の実施状況を評価してその改善を図っていくこと、教育課程の実施に必要な人的又は物的な体制を確保するとともにその改善を図っていくことなどを通して、教育課程に基づき組織的かつ計画的に各学校の教育活動の質の向上を図っていくこと（以下「カリキュラム・マネジメント」という。）に努めるものとする。

第2　教育課程の編成

1　各学校の教育目標と教育課程の編成

　　教育課程の編成に当たっては、学校教育全体や各教科等における指導を通して育成を目指す資質・能力を踏まえつつ、各学校の教育目標を明確にするとともに、教育課程の編成についての基本的な方針が家庭や地域とも共有されるよう努めるものとする。その際、第5章総合的な学習の時間の第2の1に基づき定められる目標との関連を図るものとする。

2　教科等横断的な視点に立った資質・能力の育成

　(1)　各学校においては、児童の発達の段階を考慮し、言語能力、情報活用能力（情報モラルを含む。）、問題発見・解決能力等の学習の基盤となる資質・能力を育成していくことができるよう、各教科等の特質を生かし、教科等横断的な視点から教育課程の編成を図るものとする。

　(2)　各学校においては、児童や学校、地域の実態及び児童の発達の段階を考慮し、豊かな人生の実現や災害等を乗り越えて次代の社会を形成することに向けた現代的な諸課題に対応して求められる資質・能力を、教科等横断的な視点で育成していくことができるよう、各学校の特色を生かした教育課程の編成を図るものとする。

3　教育課程の編成における共通的事項

　(1)　内容等の取扱い

　　ア　第2章以下に示す各教科、道徳科、外国語活動及び特別活動の内容に関する事項は、特に示す場合を除き、いずれの学校においても取り扱わなければならない。

　　イ　学校において特に必要がある場合には、第2章以下に示していない内容を加えて指導することができる。また、第2章以下に示す内容の取扱いのうち内容の範囲や程度等を示す事項は、全ての児童に対して指導するものとする内容の範囲や程度等を示したものであり、学校において特に必要がある場合には、この事項にかかわらず加えて指導することができる。ただし、これらの場合には、第2章以下に示す各教科、道徳科、外国語活動及び特別活動の目標や内容の趣旨を逸脱したり、児童の負担過重となったりすることのないようにしなければならない。

　　ウ　第2章以下に示す各教科、道徳科、外国語活動及び特別活動の内容に掲げる事項の順序は、特に示す場合を除き、指導の順序を示すものではないので、

学校においては、その取扱いについて適切な工夫を加えるものとする。

エ　学年の内容を2学年まとめて示した教科及び外国語活動の内容は、2学年間かけて指導する事項を示したものである。各学校においては、これらの事項を児童や学校、地域の実態に応じ、2学年間を見通して計画的に指導することとし、特に示す場合を除き、いずれかの学年に分けて、又はいずれの学年においても指導するものとする。

オ　学校において2以上の学年の児童で編制する学級について特に必要がある場合には、各教科及び道徳科の目標の達成に支障のない範囲内で、各教科及び道徳科の目標及び内容について学年別の順序によらないことができる。

カ　道徳科を要として学校の教育活動全体を通じて行う道徳教育の内容は、第3章特別の教科道徳の第2に示す内容とし、その実施に当たっては、第6に示す道徳教育に関する配慮事項を踏まえるものとする。

(2)　授業時数等の取扱い

ア　各教科等の授業は、年間35週（第1学年については34週）以上にわたって行うよう計画し、週当たりの授業時数が児童の負担過重にならないようにするものとする。ただし、各教科等や学習活動の特質に応じ効果的な場合には、夏季、冬季、学年末等の休業日の期間に授業日を設定する場合を含め、これらの授業を特定の期間に行うことができる。

イ　特別活動の授業のうち、児童会活動、クラブ活動及び学校行事については、それらの内容に応じ、年間、学期ごと、月ごとなどに適切な授業時数を充てるものとする。

ウ　各学校の時間割については、次の事項を踏まえ適切に編成するものとする。

(ア)　各教科等のそれぞれの授業の1単位時間は、各学校において、各教科等の年間授業時数を確保しつつ、児童の発達の段階及び各教科等や学習活動の特質を考慮して適切に定めること。

(イ)　各教科等の特質に応じ、10分から15分程度の短い時間を活用して特定の教科等の指導を行う場合において、教師が、単元や題材など内容や時間のまとまりを見通した中で、その指導内容の決定や指導の成果の把握と活用等を責任をもって行う体制が整備されているときは、その時間を当該教科等の年間授業時数に含めることができること。

(ウ)　給食、休憩などの時間については、各学校において工夫を加え、適切に定めること。

　　㊂　各学校において、児童や学校、地域の実態、各教科等や学習活動の特質等
　　　に応じて、創意工夫を生かした時間割を弾力的に編成できること。
　イ　総合的な学習の時間における学習活動により、特別活動の学校行事に掲げ
　　　る各行事の実施と同様の成果が期待できる場合においては、総合的な学習の
　　　時間における学習活動をもって相当する特別活動の学校行事に掲げる各行事
　　　の実施に替えることができる。
(3)　指導計画の作成等に当たっての配慮事項
　　各学校においては、次の事項に配慮しながら、学校の創意工夫を生かし、全体
として、調和のとれた具体的な指導計画を作成するものとする。
　ア　各教科等の指導内容については、(1)のアを踏まえつつ、単元や題材など内
　　　容や時間のまとまりを見通しながら、そのまとめ方や重点の置き方に適切な
　　　工夫を加え、第3の1に示す主体的・対話的で深い学びの実現に向けた授業
　　　改善を通して資質・能力を育む効果的な指導ができるようにすること。
　イ　各教科等及び各学年相互間の関連を図り、系統的、発展的な指導ができる
　　　ようにすること。
　ウ　学年の内容を2学年まとめて示した教科及び外国語活動については、当該
　　　学年間を見通して、児童や学校、地域の実態に応じ、児童の発達の段階を考
　　　慮しつつ、効果的、段階的に指導するようにすること。
　エ　児童の実態等を考慮し、指導の効果を高めるため、児童の発達の段階や指
　　　導内容の関連性等を踏まえつつ、合科的・関連的な指導を進めること。
4　学校段階等間の接続
　教育課程の編成に当たっては、次の事項に配慮しながら、学校段階等間の接続を
図るものとする。
(1)　幼児期の終わりまでに育ってほしい姿を踏まえた指導を工夫することにによ
　　り、幼稚園教育要領等に基づく幼児期の教育を通して育まれた資質・能力を踏
　　まえて教育活動を実施し、児童が主体的に自己を発揮しながら学びに向か うこ
　　とが可能となるようにすること。
　　また、低学年における教育全体において、例えば生活科において育成する自立
　　し生活を豊かにしていくための資質・能力が、他教科等の学習においても生かさ
　　れるようにするなど、教科等間の関連を積極的に図り、幼児期の教育及び中学年
　　以降の教育との円滑な接続が図られるよう工夫すること。特に、小学校入学当初
　　においては、幼児期において自発的な活動としての遊びを通して育まれてきたこ

とが、各教科等における学習に円滑に接続されるよう、生活科を中心に、合科的・関連的な指導や弾力的な時間割の設定など、指導の工夫や指導計画の作成を行うこと。

(2)　中学校学習指導要領及び高等学校学習指導要領を踏まえ、中学校教育及びその後の教育との円滑な接続が図られるよう工夫すること。特に、義務教育学校、中学校連携型小学校及び中学校併設型小学校においては、義務教育9年間を見通した計画的かつ継続的な教育課程を編成すること。

第3　教育課程の実施と学習評価

1　主体的・対話的で深い学びの実現に向けた授業改善

　各教科等の指導に当たっては、次の事項に配慮するものとする。

(1)　第1の3の(1)から(3)までに示すことが偏りなく実現されるよう、単元や題材など内容や時間のまとまりを見通しながら、児童の主体的・対話的で深い学びの実現に向けた授業改善を行うこと。

　特に、各教科等において身に付けた知識及び技能を活用したり、思考力、判断力、表現力等や学びに向かう力、人間性等を発揮させたりして、学習の対象となる物事を捉え思考することにより、各教科等の特質に応じた物事を捉える視点や考え方（以下「見方・考え方」という。）が鍛えられていくことに留意し、児童が各教科等の特質に応じた見方・考え方を働かせながら、知識を相互に関連付けてより深く理解したり、情報を精査して考えを形成したり、問題を見いだして解決策を考えたり、思いや考えを基に創造したりすることに向かう過程を重視した学習の充実を図ること。

(2)　第2の2の(1)に示す言語能力の育成を図るため、各学校において必要な言語環境を整えるとともに、国語科を要としつつ各教科等の特質に応じて、児童の言語活動を充実すること。あわせて、(7)に示すとおり読書活動を充実すること。

(3)　第2の2の(1)に示す情報活用能力の育成を図るため、各学校において、コンピュータや情報通信ネットワークなどの情報手段を活用するために必要な環境を整え、これらを適切に活用した学習活動の充実を図ること。また、各種の統計資料や新聞、視聴覚教材や教育機器などの教材・教具の適切な活用を図ること。

　あわせて、各教科等の特質に応じて、次の学習活動を計画的に実施すること。

  ア　児童がコンピュータで文字を入力するなどの学習の基盤として必要となる
   情報手段の基本的な操作を習得するための学習活動

  イ　児童がプログラミングを体験しながら、コンピュータに意図した処理を行
   わせるために必要な論理的思考力を身に付けるための学習活動

(4)　児童が学習の見通しを立てたり学習したことを振り返ったりする活動を、計
画的に取り入れるように工夫すること。

(5)　児童が生命の有限性や自然の大切さ、主体的に挑戦してみることや多様な他
者と協働することの重要性などを実感しながら理解することができるよう、各
教科等の特質に応じた体験活動を重視し、家庭や地域社会と連携しつつ体系
的・継続的に実施できるよう工夫すること。

(6)　児童が自ら学習課題や学習活動を選択する機会を設けるなど、児童の興味・
関心を生かした自主的、自発的な学習が促されるよう工夫すること。

(7)　学校図書館を計画的に利用しその機能の活用を図り、児童の主体的・対話的
で深い学びの実現に向けた授業改善に生かすとともに、児童の自主的、自発的
な学習活動や読書活動を充実すること。また、地域の図書館や博物館、美術館、
劇場、音楽堂等の施設の活用を積極的に図り、資料を活用した情報の収集や鑑
賞等の学習活動を充実すること。

2　学習評価の充実

学習評価の実施に当たっては、次の事項に配慮するものとする。

(1)　児童のよい点や進歩の状況などを積極的に評価し、学習したことの意義や価
値を実感できるようにすること。また、各教科等の目標の実現に向けた学習状
況を把握する観点から、単元や題材など内容や時間のまとまりを見通しながら
評価の場面や方法を工夫して、学習の過程や成果を評価し、指導の改善や学習
意欲の向上を図り、資質・能力の育成に生かすようにすること。

(2)　創意工夫の中で学習評価の妥当性や信頼性が高められるよう、組織的かつ計
画的な取組を推進するとともに、学年や学校段階を越えて児童の学習の成果が
円滑に接続されるように工夫すること。

第4　児童の発達の支援

1　児童の発達を支える指導の充実

教育課程の編成及び実施に当たっては、次の事項に配慮するものとする。

(1)　学習や生活の基盤として、教師と児童との信頼関係及び児童相互のよりよい

人間関係を育てるため、日頃から学級経営の充実を図ること。また、主に集団の場面で必要な指導や援助を行うガイダンスと、個々の児童の多様な実態を踏まえ、一人一人が抱える課題に個別に対応した指導を行うカウンセリングの双方により、児童の発達を支援すること。

　あわせて、小学校の低学年、中学年、高学年の学年の時期の特長を生かした指導の工夫を行うこと。

(2)　児童が、自己の存在感を実感しながら、よりよい人間関係を形成し、有意義で充実した学校生活を送る中で、現在及び将来における自己実現を図っていくことができるよう、児童理解を深め、学習指導と関連付けながら、生徒指導の充実を図ること。

(3)　児童が、学ぶことと自己の将来とのつながりを見通しながら、社会的・職業的自立に向けて必要な基盤となる資質・能力を身に付けていくことができるよう、特別活動を要としつつ各教科等の特質に応じて、キャリア教育の充実を図ること。

(4)　児童が、基礎的・基本的な知識及び技能の習得も含め、学習内容を確実に身に付けることができるよう、児童や学校の実態に応じ、個別学習やグループ別学習、繰り返し学習、学習内容の習熟の程度に応じた学習、児童の興味・関心等に応じた課題学習、補充的な学習や発展的な学習などの学習活動を取り入れることや、教師間の協力による指導体制を確保することなど、指導方法や指導体制の工夫改善により、個に応じた指導の充実を図ること。その際、第3の1の(3)に示す情報手段や教材・教具の活用を図ること。

2　特別な配慮を必要とする児童への指導

(1)　障害のある児童などへの指導

　ア　障害のある児童などについては、特別支援学校等の助言又は援助を活用しつつ、個々の児童の障害の状態等に応じた指導内容や指導方法の工夫を組織的かつ計画的に行うものとする。

　イ　特別支援学級において実施する特別の教育課程については、次のとおり編成するものとする。

　(ア)　障害による学習上又は生活上の困難を克服し自立を図るため、特別支援学校小学部・中学部学習指導要領第7章に示す自立活動を取り入れること。

　(イ)　児童の障害の程度や学級の実態等を考慮の上、各教科の目標や内容を下学年の教科の目標や内容に替えたり、各教科を、知的障害者である児童に対す

　　る教育を行う特別支援学校の各教科に替えたりするなどして、実態に応じた
　　教育課程を編成すること。
　ウ　障害のある児童に対して、通級による指導を行い、特別の教育課程を編成
　　する場合には、特別支援学校小学部・中学部学習指導要領第7章に示す自立
　　活動の内容を参考とし、具体的な目標や内容を定め、指導を行うものとする。
　　その際、効果的な指導が行われるよう、各教科等と通級による指導との関連
　　を図るなど、教師間の連携に努めるものとする。
　エ　障害のある児童などについては、家庭、地域及び医療や福祉、保健、労働
　　等の業務を行う関係機関との連携を図り、長期的な視点で児童への教育的支
　　援を行うために、個別の教育支援計画を作成し活用することに努めるととも
　　に、各教科等の指導に当たって、個々の児童の実態を的確に把握し、個別の
　　指導計画を作成し活用することに努めるものとする。特に、特別支援学級に
　　在籍する児童や通級による指導を受ける児童については、個々の児童の実態
　　を的確に把握し、個別の教育支援計画や個別の指導計画を作成し、効果的に
　　活用するものとする。
(2)　海外から帰国した児童などの学校生活への適応や、日本語の習得に困難のあ
　る児童に対する日本語指導
　ア　海外から帰国した児童などについては、学校生活への適応を図るとともに、
　　外国における生活経験を生かすなどの適切な指導を行うものとする。
　イ　日本語の習得に困難のある児童については、個々の児童の実態に応じた指
　　導内容や指導方法の工夫を組織的かつ計画的に行うものとする。特に、通級
　　による日本語指導については、教師間の連携に努め、指導についての計画を
　　個別に作成することなどにより、効果的な指導に努めるものとする。
(3)　不登校児童への配慮
　ア　不登校児童については、保護者や関係機関と連携を図り、心理や福祉の専
　　門家の助言又は援助を得ながら、社会的自立を目指す観点から、個々の児童
　　の実態に応じた情報の提供その他の必要な支援を行うものとする。
　イ　相当の期間小学校を欠席し引き続き欠席すると認められる児童を対象とし
　　て、文部科学大臣が認める特別の教育課程を編成する場合には、児童の実態
　　に配慮した教育課程を編成するとともに、個別学習やグループ別学習 など指
　　導方法や指導体制の工夫改善に努めるものとする。

第5　学校運営上の留意事項

1　教育課程の改善と学校評価等

　ア　各学校においては、校長の方針の下に、校務分掌に基づき教職員が適切に役割を分担しつつ、相互に連携しながら、各学校の特色を生かしたカリキュラム・マネジメントを行うよう努めるものとする。また、各学校が行う学校評価については、教育課程の編成、実施、改善が教育活動や学校運営の中核となることを踏まえ、カリキュラム・マネジメントと関連付けながら実施するよう留意するものとする。

　イ　教育課程の編成及び実施に当たっては、学校保健計画、学校安全計画、食に関する指導の全体計画、いじめの防止等のための対策に関する基本的な方針など、各分野における学校の全体計画等と関連付けながら、効果的な指導が行われるように留意するものとする。

2　家庭や地域社会との連携及び協働と学校間の連携

　教育課程の編成及び実施に当たっては、次の事項に配慮するものとする。

　ア　学校がその目的を達成するため、学校や地域の実態等に応じ、教育活動の実施に必要な人的又は物的な体制を家庭や地域の人々の協力を得ながら整えるなど、家庭や地域社会との連携及び協働を深めること。また、高齢者や異年齢の子供など、地域における世代を越えた交流の機会を設けること。

　イ　他の小学校や、幼稚園、認定こども園、保育所、中学校、高等学校、特別支援学校などとの間の連携や交流を図るとともに、障害のある幼児児童生徒との交流及び共同学習の機会を設け、共に尊重し合いながら協働して生活していく態度を育むようにすること。

第6　道徳教育に関する配慮事項

　道徳教育を進めるに当たっては、道徳教育の特質を踏まえ、前項までに示す事項に加え、次の事項に配慮するものとする。

1　各学校においては、第1の2の(2)に示す道徳教育の目標を踏まえ、道徳教育の全体計画を作成し、校長の方針の下に、道徳教育の推進を主に担当する教師（以下「道徳教育推進教師」という。）を中心に、全教師が協力して道徳教育を展開すること。なお、道徳教育の全体計画の作成に当たっては、児童や学校、地域の実態を考慮して、学校の道徳教育の重点目標を設定するとともに、道徳科の指導方針、第3章特別の教科道徳の第2に示す内容との関連を踏まえた各教科、外国語活動、

総合的な学習の時間及び特別活動における指導の内容及び時期並びに家庭や地域社会との連携の方法を示すこと。

2　各学校においては、児童の発達の段階や特性等を踏まえ、指導内容の重点化を図ること。その際、各学年を通じて、自立心や自律性、生命を尊重する心や他者を思いやる心を育てることに留意すること。また、各学年段階においては、次の事項に留意すること。

(1)　第1学年及び第2学年においては、挨拶などの基本的な生活習慣を身に付けること、善悪を判断し、してはならないことをしないこと、社会生活上のきまりを守ること。

(2)　第3学年及び第4学年においては、善悪を判断し、正しいと判断したことを行うこと、身近な人々と協力し助け合うこと、集団や社会のきまりを守ること。

(3)　第5学年及び第6学年においては、相手の考え方や立場を理解して支え合うこと、法やきまりの意義を理解して進んで守ること、集団生活の充実に努めること、伝統と文化を尊重し、それらを育んできた我が国と郷土を愛するとともに、他国を尊重すること。

3　学校や学級内の人間関係や環境を整えるとともに、集団宿泊活動やボランティア活動、自然体験活動、地域の行事への参加などの豊かな体験を充実すること。また、道徳教育の指導内容が、児童の日常生活に生かされるようにすること。その際、いじめの防止や安全の確保等にも資することとなるよう留意すること。

4　学校の道徳教育の全体計画や道徳教育に関する諸活動などの情報を積極的に公表したり、道徳教育の充実のために家庭や地域の人々の積極的な参加や協力を得たりするなど、家庭や地域社会との共通理解を深め、相互の連携を図ること。

第5章　総合的な学習の時間

第1　目標

　探究的な見方・考え方を働かせ、横断的・総合的な学習を行うことを通して、よりよく課題を解決し、自己の生き方を考えていくための資質・能力を次のとおり育成することを目指す。

　(1)　探究的な学習の過程において、課題の解決に必要な知識及び技能を身に付け、課題に関わる概念を形成し、探究的な学習のよさを理解するようにする。

　(2)　実社会や実生活の中から問いを見いだし、自分で課題を立て、情報を集め、整理・分析して、まとめ・表現することができるようにする。

　(3)　探究的な学習に主体的・協働的に取り組むとともに、互いのよさを生かしながら、積極的に社会に参画しようとする態度を養う。

第2　各学校において定める目標及び内容

1　目標

　各学校においては、第1の目標を踏まえ、各学校の総合的な学習の時間の目標を定める。

2　内容

　各学校においては、第1の目標を踏まえ、各学校の総合的な学習の時間の内容を定める。

3　各学校において定める目標及び内容の取扱い

　各学校において定める目標及び内容の設定に当たっては、次の事項に配慮するものとする。

　(1)　各学校において定める目標については、各学校における教育目標を踏まえ、総合的な学習の時間を通して育成を目指す資質・能力を示すこと。

　(2)　各学校において定める目標及び内容については、他教科等の目標及び内容との違いに留意しつつ、他教科等で育成を目指す資質・能力との関連を重視すること。

　(3)　各学校において定める目標及び内容については、日常生活や社会との関わりを重視すること。

　(4)　各学校において定める内容については、目標を実現するにふさわしい探究課

題、探究課題の解決を通して育成を目指す具体的な資質・能力を示すこと。

(5) 目標を実現するにふさわしい探究課題については、学校の実態に応じて、例えば、国際理解、情報、環境、福祉・健康などの現代的な諸課題に対応する横断的・総合的な課題、地域の人々の暮らし、伝統と文化など地域や学校の特色に応じた課題、児童の興味・関心に基づく課題などを踏まえて設定すること。

(6) 探究課題の解決を通して育成を目指す具体的な資質・能力については、次の事項に配慮すること。

　　ア　知識及び技能については、他教科等及び総合的な学習の時間で習得する知識及び技能が相互に関連付けられ、社会の中で生きて働くものとして形成されるようにすること。

　　イ　思考力、判断力、表現力等については、課題の設定、情報の収集、整理・分析、まとめ・表現などの探究的な学習の過程において発揮され、未知の状況において活用できるものとして身に付けられるようにすること。

　　ウ　学びに向かう力、人間性等については、自分自身に関すること及び他者や社会との関わりに関することの両方の視点を踏まえること。

(7) 目標を実現するにふさわしい探究課題及び探究課題の解決を通して育成を目指す具体的な資質・能力については、教科等を越えた全ての学習の基盤となる資質・能力が育まれ、活用されるものとなるよう配慮すること。

第3　指導計画の作成と内容の取扱い

1　指導計画の作成に当たっては、次の事項に配慮するものとする。

(1) 年間や、単元など内容や時間のまとまりを見通して、その中で育む資質・能力の育成に向けて、児童の主体的・対話的で深い学びの実現を図るようにすること。その際、児童や学校、地域の実態等に応じて、児童が探究的な見方・考え方を働かせ、教科等の枠を超えた横断的・総合的な学習や児童の興味・関心等に基づく学習を行うなど創意工夫を生かした教育活動の充実を図ること。

(2) 全体計画及び年間指導計画の作成に当たっては、学校における全教育活動との関連の下に、目標及び内容、学習活動、指導方法や指導体制、学習の評価の計画などを示すこと。

(3) 他教科等及び総合的な学習の時間で身に付けた資質・能力を相互に関連付け、学習や生活において生かし、それらが総合的に働くようにすること。その際、言語能力、情報活用能力など全ての学習の基盤となる資質・能力を重視するこ

と。

(4)　他教科等の目標及び内容との違いに留意しつつ、第1の目標並びに第2の各学校において定める目標及び内容を踏まえた適切な学習活動を行うこと。

(5)　各学校における総合的な学習の時間の名称については、各学校において適切に定めること。

(6)　障害のある児童などについては、学習活動を行う場合に生じる困難さに応じた指導内容や指導方法の工夫を計画的、組織的に行うこと。

(7)　第1章総則の第1の2の(2)に示す道徳教育の目標に基づき、道徳科などとの関連を考慮しながら、第3章特別の教科道徳の第2に示す内容について、総合的な学習の時間の特質に応じて適切な指導をすること。

2　第2の内容の取扱いについては、次の事項に配慮するものとする。

(1)　第2の各学校において定める目標及び内容に基づき、児童の学習状況に応じて教師が適切な指導を行うこと。

(2)　探究的な学習の過程においては、他者と協働して課題を解決しようとする学習活動や、言語により分析し、まとめたり表現したりするなどの学習活動が行われるようにすること。その際、例えば、比較する、分類する、関連付けるなどの考えるための技法が活用されるようにすること。

(3)　探究的な学習の過程においては、コンピュータや情報通信ネットワークなどを適切かつ効果的に活用して、情報を収集・整理・発信するなどの学習活動が行われるよう工夫すること。その際、コンピュータで文字を入力するなどの学習の基盤として必要となる情報手段の基本的な操作を習得し、情報や情報手段を主体的に選択し活用できるよう配慮すること。

(4)　自然体験やボランティア活動などの社会体験、ものづくり、生産活動などの体験活動、観察・実験、見学や調査、発表や討論などの学習活動を積極的に取り入れること。

(5)　体験活動については、第1の目標並びに第2の各学校において定める目標及び内容を踏まえ、探究的な学習の過程に適切に位置付けること。

(6)　グループ学習や異年齢集団による学習などの多様な学習形態、地域の人々の協力も得つつ、全教師が一体となって指導に当たるなどの指導体制について工夫を行うこと。

(7)　学校図書館の活用、他の学校との連携、公民館、図書館、博物館等の社会教育施設や社会教育関係団体等の各種団体との連携、地域の教材や学習環境の積

極的な活用などの工夫を行うこと。

(8)　国際理解に関する学習を行う際には、探究的な学習に取り組むことを通して、諸外国の生活や文化などを体験したり調査したりするなどの学習活動が行われるようにすること。

(9)　情報に関する学習を行う際には、探究的な学習に取り組むことを通して、情報を収集・整理・発信したり、情報が日常生活や社会に与える影響を考えたりするなどの学習活動が行われるようにすること。第1章総則の第3の1の(3)のイに掲げるプログラミングを体験しながら論理的思考力を身に付けるための学習活動を行う場合には、プログラミングを体験することが、探究的な学習の過程に適切に位置付くようにすること。

■平成20年改訂　小学校学習指導要領

第1章　総則

第1　教育課程編成の一般方針

1　各学校においては、教育基本法及び学校教育法その他の法令並びにこの章以下に示すところに従い、児童の人間として調和のとれた育成を目指し、地域や学校の実態及び児童の心身の発達の段階や特性を十分考慮して、適切な教育課程を編成するものとし、これらに掲げる目標を達成するよう教育を行うものとする。学校の教育活動を進めるに当たっては、各学校において、児童に生きる力をはぐくむことを目指し、創意工夫を生かした特色ある教育活動を展開する中で、基礎的・基本的な知識及び技能を確実に習得させ、これらを活用して課題を解決するために必要な思考力、判断力、表現力その他の能力をはぐくむとともに、主体的に学習に取り組む態度を養い、個性を生かす教育の充実に努めなければならない。その際、児童の発達の段階を考慮して、児童の言語活動を充実するとともに、家庭との連携を図りながら、児童の学習習慣が確立するよう配慮しなければならない。

2　学校における道徳教育は、特別の教科である道徳（以下「道徳科」という。）を要として学校の教育活動全体を通じて行うものであり、道徳科はもとより、各教科、外国語活動、総合的な学習の時間及び特別活動のそれぞれの特質に応じて、児童の発達の段階を考慮して、適切な指導を行わなければならない。道徳教育は、

教育基本法及び学校教育法に定められた教育の根本精神に基づき、自己の生き方を考え、主体的な判断の下に行動し、自立した人間として他者と共によりよく生きるための基盤となる道徳性を養うことを目標とする。道徳教育を進めるに当たっては、人間尊重の精神と生命に対する畏敬の念を家庭、学校、その他社会における具体的な生活の中に生かし、豊かな心をもち、伝統と文化を尊重し、それらを育んできた我が国と郷土を愛し、個性　豊かな文化の創造を図るとともに、平和で民主的な国家及び社会の形成者として、公共の精神を尊び、社会及び国家の発展に努め、他国を尊重し、国際社会の平和と発展や環境の保全に貢献し未来を拓く主体性のある日本人の育成に資することとなるよう特に留意しなければならない。

3　学校における体育・健康に関する指導は、児童の発達の段階を考慮して、学校の教育活動全体を通じて適切に行うものとする。特に、学校における食育の推進並びに体力の向上に関する指導、安全に関する指導及び心身の健康の保持増進に関する指導については、体育科の時間はもとより、家庭科、特別活動などにおいてもそれぞれの特質に応じて適切に行うよう努めることとする。また、それらの指導を通して、家庭や地域社会との連携を図りながら、日常生活において適切な体育・健康に関する活動の実践を促し、生涯を通じて健康・安全で活力ある生活を送るための基礎が培われるよう配慮しなければならない。

第2　内容等の取扱いに関する共通的事項

1　第2章以下に示す各教科、道徳科、外国語活動及び特別活動の内容に関する事項は、特に示す場合を除き、いずれの学校においても取り扱わなければならない。

2　学校において特に必要がある場合には、第2章以下に示していない内容を加えて指導することができる。また、第2章以下に示す内容の取扱いのうち内容の範囲や程度等を示す事項は、全ての児童に対して指導するものとする内容の範囲や程度等を示したものであり、学校において特に必要がある場合には、この事項にかかわらず指導することができる。ただし、これらの場合には、第2章以下に示す各教科、道徳科、外国語活動及び特別活動並びに各学年の目標や内容の趣旨を逸脱したり、児童の負担過重となったりすることのないようにしなければならない。

3　第2章以下に示す各教科、道徳科、外国語活動及び特別活動並びに各学年の内容に掲げる事項の順序は、特に示す場合を除き、指導の順序を示すものではないので、学校においては、その取扱いについて適切な工夫を加えるものとする。

4　学年の目標及び内容を2学年まとめて示した教科及び外国語活動の内容は、2学年間かけて指導する事項を示したものである。各学校においては、これらの事項を地域や学校及び児童の実態に応じ、2学年間を見通して計画的に指導することとし、特に示す場合を除き、いずれかの学年に分けて、又はいずれの学年においても指導するものとする。

5　学校において2以上の学年の児童で編制する学級について特に必要がある場合には、各教科、道徳科、外国語活動及び特別活動の目標の達成に支障のない範囲内で、各教科、道徳科、外国語活動及び特別活動の目標及び内容について学年別の順序によらないことができる。

6　道徳科を要として学校の教育活動全体を通じて行う道徳教育の内容は、第3章特別の教科道徳の第2に示す内容とする。

第3　授業時数等の取扱い

1　各教科、道徳科、外国語活動、総合的な学習の時間及び特別活動（以下「各教科等」という。ただし、1及び3において、特別活動については学級活動（学校給食に係るものを除く。）に限る。）の授業は、年間35週（第1学年については34週）以上にわたって行うよう計画し、週当たりの授業時数が児童の負担過重にならないようにするものとする。ただし、各教科等や学習活動の特質に応じ効果的な場合には、夏季、冬季、学年末等の休業日の期間に授業日を設定する場合を含め、これらの授業を特定の期間に行うことができる。なお、給食、休憩などの時間については、学校において工夫を加え、適切に定めるものとする。

2　特別活動の授業のうち、児童会活動、クラブ活動及び学校行事については、それらの内容に応じ、年間、学期ごと、月ごとなどに適切な授業時数を充てるものとする。

3　各教科等のそれぞれの授業の1単位時間は、各学校において、各教科等の年間授業時数を確保しつつ、児童の発達の段階及び各教科等や学習活動の特質を考慮して適切に定めるものとする。

4　各学校においては、地域や学校及び児童の実態、各教科等や学習活動の特質等に応じて、創意工夫を生かし時間割を弾力的に編成することができる。

5　総合的な学習の時間における学習活動により、特別活動の学校行事に掲げる各行事の実施と同様の成果が期待できる場合においては、総合的な学習の時間における学習活動をもって相当する特別活動の学校行事に掲げる各行事の実施に替える

ことができる。

第4　指導計画の作成等に当たって配慮すべき事項

1　各学校においては、次の事項に配慮しながら、学校の創意工夫を生かし、全体と
　して、調和のとれた具体的な指導計画を作成するものとする。

　(1)　各教科等及び各学年相互間の関連を図り、系統的、発展的な指導ができるよ
　　　うにすること。

　(2)　学年の目標及び内容を2学年まとめて示した教科及び外国語活動については、
　　　当該学年間を見通して、地域や学校及び児童の実態に応じ、児童の発達の段階
　　　を考慮しつつ、効果的、段階的に指導するようにすること。

　(3)　各教科の各学年の指導内容については、そのまとめ方や重点の置き方に適切
　　　な工夫を加え、効果的な指導ができるようにすること。

　(4)　児童の実態等を考慮し、指導の効果を高めるため、合科的・関連的な指導を
　　　進めること。

2　各教科等の指導に当たっては、次の事項に配慮するものとする。

　(1)　各教科等の指導に当たっては、児童の思考力、判断力、表現力等をはぐくむ
　　　観点から、基礎的・基本的な知識及び技能の活用を図る学習活動を重視すると
　　　ともに、言語に対する関心や理解を深め、言語に関する能力の育成を図る上で
　　　必要な言語環境を整え、児童の言語活動を充実すること。

　(2)　各教科等の指導に当たっては、体験的な学習や基礎的・基本的な知識及び技
　　　能を活用した問題解決的な学習を重視するとともに、児童の興味・関心を生か
　　　し、自主的、自発的な学習が促されるよう工夫すること。

　(3)　日ごろから学級経営の充実を図り、教師と児童の信頼関係及び児童相互の好
　　　ましい人間関係を育てるとともに児童理解を深め、生徒指導の充実を図るこ
　　　と。

　(4)　各教科等の指導に当たっては、児童が学習の見通しを立てたり学習したこと
　　　を振り返ったりする活動を計画的に取り入れるよう工夫すること。

　(5)　各教科等の指導に当たっては、児童が学習課題や活動を選択したり、自らの
　　　将来について考えたりする機会を設けるなど工夫すること。

　(6)　各教科等の指導に当たっては、児童が学習内容を確実に身に付けることがで
　　　きるよう、学校や児童の実態に応じ、個別指導やグループ別指導、繰り返し指
　　　導、学習内容の習熟の程度に応じた指導、児童の興味・関心等に応じた課題学

習、補充的な学習や発展的な学習などの学習活動を取り入れた指導、教師間の協力的な指導など指導方法や指導体制を工夫改善し、個に応じた指導の充実を図ること。

(7) 障害のある児童などについては、特別支援学校等の助言又は援助を活用しつつ、例えば指導についての計画又は家庭や医療、福祉等の業務を行う関係機関と連携した支援のための計画を個別に作成することなどにより、個々の児童の障害の状態等に応じた指導内容や指導方法の工夫を計画的、組織的に行うこと。特に、特別支援学級又は通級による指導については、教師間の連携に努め、効果的な指導を行うこと。

(8) 海外から帰国した児童などについては、学校生活への適応を図るとともに、外国における生活経験を生かすなどの適切な指導を行うこと。

(9) 各教科等の指導に当たっては、児童がコンピュータや情報通信ネットワークなどの情報手段に慣れ親しみ、コンピュータで文字を入力するなどの基本的な操作や情報モラルを身に付け、適切に活用できるようにするための学習活動を充実するとともに、これらの情報手段に加え視聴覚教材や教育機器などの教材・教具の適切な活用を図ること。

(10) 学校図書館を計画的に利用しその機能の活用を図り、児童の主体的、意欲的な学習活動や読書活動を充実すること。

(11) 児童のよい点や進歩の状況などを積極的に評価するとともに、指導の過程や成果を評価し、指導の改善を行い学習意欲の向上に生かすようにすること。

(12) 学校がその目的を達成するため、地域や学校の実態等に応じ、家庭や地域の人々の協力を得るなど家庭や地域社会との連携を深めること。また、小学校間、幼稚園や保育所、中学校及び特別支援学校などとの間の連携や交流を図るとともに、障害のある幼児児童生徒との交流及び共同学習や高齢者などとの交流の機会を設けること。

3 道徳教育を進めるに当たっては、次の事項に配慮するものとする。

(1) 各学校においては、第1の2に示す道徳教育の目標を踏まえ、道徳教育の全体計画を作成し、校長の方針の下に、道徳教育の推進を主に担当する教師(以下「道徳教育推進教師」という。)を中心に、全教師が協力して道徳教育を展開すること。なお、道徳教育の全体計画の作成に当たっては、児童、学校及び地域の実態を考慮して、学校の道徳教育の重点目標を設定するとともに、道徳科の指導方針、第3章特別の教科道徳の第2に示す内容との関連を踏まえた各

教科、外国語活動、総合的な学習の時間及び特別活動における指導の内容及び時期並びに家庭や地域社会との連携の方法を示すこと。

(2)　各学校においては、児童の発達の段階や特性等を踏まえ、指導内容の重点化を図ること。その際、各学年を通じて、自立心や自律性、生命を尊重する心や他者を思いやる心を育てることに留意すること。また、各学年段階においては、次の事項に留意すること。

　ア　第1学年及び第2学年においては、挨拶などの基本的な生活習慣を身に付けること、善悪を判断し、してはならないことをしないこと、社会生活上のきまりを守ること。

　イ　第3学年及び第4学年においては、善悪を判断し、正しいと判断したことを行うこと、身近な人々と協力し助け合うこと、集団や社会のきまりを守ること。

　ウ　第5学年及び第6学年においては、相手の考え方や立場を理解して支え合うこと、法やきまりの意義を理解して進んで守ること、集団生活の充実に努めること、伝統と文化を尊重し、それらを育んできた我が国と郷土を愛するとともに、他国を尊重すること。

(3)　学校や学級内の人間関係や環境を整えるとともに、集団宿泊活動やボランティア活動、自然体験活動、地域の行事への参加などの豊かな体験を充実すること。また、道徳教育の指導内容が、児童の日常生活に生かされるようにすること。その際、いじめの防止や安全の確保等にも資することとなるよう留意すること。

(4)　学校の道徳教育の全体計画や道徳教育に関する諸活動などの情報を積極的に公表したり、道徳教育の充実のために家庭や地域の人々の積極的な参加や協力を得たりするなど、家庭や地域社会との共通理解を深め、相互の連携を図ること。

第5章　総合的な学習の時間

第1　目標

　横断的・総合的な学習や探究的な学習を通して、自ら課題を見付け、自ら学び、自ら考え、主体的に判断し、よりよく問題を解決する資質や能力を育成するとともに、学び方やものの考え方を身に付け、問題の解決や探究活動に主体的、創造的、

協同的に取り組む態度を育て、自己の生き方を考えることができるようにする。

第2　各学校において定める目標及び内容

1　目標

　各学校においては、第1の目標を踏まえ、各学校の総合的な学習の時間の目標を定める。

2　内容

　各学校においては、第1の目標を踏まえ、各学校の総合的な学習の時間の内容を定める。

第3　指導計画の作成と内容の取扱い

1　指導計画の作成に当たっては、次の事項に配慮するものとする。

　⑴　全体計画及び年間指導計画の作成に当たっては、学校における全教育活動との関連の下に、目標及び内容、育てようとする資質や能力及び態度、学習活動、指導方法や指導体制、学習の評価の計画などを示すこと。

　⑵　地域や学校、児童の実態等に応じて、教科等の枠を超えた横断的・総合的な学習、探究的な学習、児童の興味・関心等に基づく学習など創意工夫を生かした教育活動を行うこと。

　⑶　第2の各学校において定める目標及び内容については、日常生活や社会とのかかわりを重視すること。

　⑷　育てようとする資質や能力及び態度については、例えば、学習方法に関すること、自分自身に関すること、他者や社会とのかかわりに関することなどの視点を踏まえること。

　⑸　学習活動については、学校の実態に応じて、例えば国際理解、情報、環境、福祉・健康などの横断的・総合的な課題についての学習活動、児童の興味・関心に基づく課題についての学習活動、地域の人々の暮らし、伝統と文化など地域や学校の特色に応じた課題についての学習活動などを行うこと。

　⑹　各教科、道徳科、外国語活動及び特別活動で身に付けた知識や技能等を相互に関連付け、学習や生活において生かし、それらが総合的に働くようにすること。

　⑺　各教科、道徳科、外国語活動及び特別活動の目標及び内容との違いに留意しつつ、第1の目標並びに第2の各学校において定める目標及び内容を踏まえた

　　適切な学習活動を行うこと。

⑻　各学校における総合的な学習の時間の名称については、各学校において適切
　　に定めること。

⑼　第1章総則の第1の2に示す道徳教育の目標に基づき、道徳科などとの関連
　　を考慮しながら、第3章特別の教科道徳の第2に示す内容について、総合的な
　　学習の時間の特質に応じて適切な指導をすること。

2　第2の内容の取扱いについては、次の事項に配慮するものとする。

⑴　第2の各学校において定める目標及び内容に基づき、児童の学習状況に応じ
　　て教師が適切な指導を行うこと。

⑵　問題の解決や探究活動の過程においては、他者と協同して問題を解決しよう
　　とする学習活動や、言語により分析し、まとめたり表現したりするなどの学習
　　活動が行われるようにすること。

⑶　自然体験やボランティア活動などの社会体験、ものづくり、生産活動などの
　　体験活動、観察・実験、見学や調査、発表や討論などの学習活動を積極的に取
　　り入れること。

⑷　体験活動については、第1の目標並びに第2の各学校において定める目標及
　　び内容を踏まえ、問題の解決や探究活動の過程に適切に位置付けること。

⑸　グループ学習や異年齢集団による学習などの多様な学習形態、地域の人々の
　　協力も得つつ全教師が一体となって指導に当たるなどの指導体制について工夫
　　を行うこと。

⑹　学校図書館の活用、他の学校との連携、公民館、図書館、博物館等の社会教
　　育施設や社会教育関係団体等の各種団体との連携、地域の教材や学習環境の積
　　極的な活用などの工夫を行うこと。

⑺　国際理解に関する学習を行う際には、問題の解決や探究活動に取り組むこと
　　を通して、諸外国の生活や文化などを体験したり調査したりするなどの学習活
　　動が行われるようにすること。

⑻　情報に関する学習を行う際には、問題の解決や探究活動に取り組むことを通
　　して、情報を収集・整理・発信したり、情報が日常生活や社会に与える影響を
　　考えたりするなどの学習活動が行われるようにすること。

■平成10年改訂　小学校学習指導要領

第1章　総則

第1　教育課程編成の一般方針

1　各学校においては、法令及びこの章以下に示すところに従い、児童の人間として調和のとれた育成を目指し、地域や学校の実態及び児童の心身の発達段階や特性を十分考慮して、適切な教育課程を編成するものとする。学校の教育活動を進めるに当たっては、各学校において、児童に生きる力をはぐくむことを目指し、創意工夫を生かし特色ある教育活動を展開する中で、自ら学び自ら考える力の育成を図るとともに、基礎的・基本的な内容の確実な定着を図り、個性を生かす教育の充実に努めなければならない。

2　学校における道徳教育は、学校の教育活動全体を通じて行うものであり、道徳の時間をはじめとして各教科、特別活動及び総合的な学習の時間のそれぞれの特質に応じて適切な指導を行わなければならない。

　道徳教育は、教育基本法及び学校教育法に定められた教育の根本精神に基づき、人間尊重の精神と生命に対する畏敬の念を家庭、学校、その他社会における具体的な生活の中に生かし、豊かな心をもち、個性豊かな文化の創造と民主的な社会及び国家の発展に努め、進んで平和的な国際社会に貢献し未来を拓く主体性のある日本人を育成するため、その基盤としての道徳性を養うことを目標とする。

　道徳教育を進めるに当たっては、教師と児童及び児童相互の人間関係を深めるとともに、家庭や地域社会との連携を図りながら、ボランティア活動や自然体験活動などの豊かな体験を通して児童の内面に根ざした道徳性の育成が図られるよう配慮しなければならない。

3　学校における体育・健康に関する指導は、学校の教育活動全体を通じて適切に行うものとする。特に、体力の向上及び心身の健康の保持増進に関する指導については、体育科の時間はもとより、特別活動などにおいてもそれぞれの特質に応じて適切に行うよう努めることとする。また、それらの指導を通して、家庭や地域社会との連携を図りながら、日常生活において適切な体育・健康に関する活動の実践を促し、生涯を通じて健康・安全で活力ある生活を送るための基礎が培われるよう配慮しなければならない。

第2　内容等の取扱いに関する共通事項

1　第2章以下に示す各教科、道徳及び特別活動の内容に関する事項は、特に示す場合を除き、いずれの学校においても取り扱わなければならない。

　　学校において特に必要がある場合には、第2章以下に示していない内容を加えて指導することもできるが、その場合には、第2章以下に示す各教科、道徳、特別活動及び各学年の目標や内容の趣旨を逸脱したり、児童の負担過重となったりすることのないようにしなければならない。

2　第2章以下に示す各教科、道徳、特別活動及び各学年の内容に掲げる事項の順序は、特に示す場合を除き、指導の順序を示すものではないので、学校においては、その取扱いについて適切な工夫を加えるものとする。

3　学年の目標及び内容を2学年まとめて示した教科の内容は、2学年間かけて指導する事項を示したものである。各学校においては、これらの事項を地域や学校及び児童の実態に応じ、2学年間を見通して計画的に指導することとし、特に示す場合を除き、いずれかの学年に分けて指導したり、いずれの学年においても指導したりするものとする。

4　学校において2以上の学年の児童で編制する学級について特に必要がある場合には、各教科及び道徳の目標の達成に支障のない範囲内で、各教科及び道徳の目標及び内容について学年別の順序によらないことができる。

第3　総合的な学習の時間の取扱い

1　総合的な学習の時間においては、各学校は、地域や学校、児童の実態等に応じて、横断的・総合的な学習や児童の興味・関心等に基づく学習など創意工夫を生かした教育活動を行うものとする。

2　総合的な学習の時間においては、次のようなねらいをもって指導を行うものとする。

　(1)　自ら課題を見付け、自ら学び、自ら考え、主体的に判断し、よりよく問題を解決する資質や能力を育てること。

　(2)　学び方やものの考え方を身に付け、問題の解決や探究活動に主体的、創造的に取り組む態度を育て、自己の生き方を考えることができるようにすること。

3　各学校においては、2に示すねらいを踏まえ、例えば国際理解、情報、環境、福祉・健康などの横断的・総合的な課題、児童の興味・関心に基づく課題、地域や学校の特色に応じた課題などについて、学校の実態に応じた学習活動を行うもの

とする。

4　各学校における総合的な学習の時間の名称については、各学校において適切に定めるものとする。

5　総合的な学習の時間の学習活動を行うに当たっては、次の事項に配慮するものとする。

 (1)　自然体験やボランティア活動などの社会体験、観察・実験、見学や調査、発表や討論、ものづくりや生産活動など体験的な学習、問題解決的な学習を積極的に取り入れること。

 (2)　グループ学習や異年齢集団による学習などの多様な学習形態、地域の人々の協力も得つつ全教師が一体となって指導に当たるなどの指導体制、地域の教材や学習環境の積極的な活用などについて工夫すること。

 (3)　国際理解に関する学習の一環としての外国語会話等を行うときは、学校の実態等に応じ、児童が外国語に触れたり、外国の生活や文化などに慣れ親しんだりするなど小学校段階にふさわしい体験的な学習が行われるようにすること。

第4　時間数の取扱い

1　各教科、道徳、特別活動及び総合的な学習の時間（以下「各教科等」という。ただし、1及び3において、特別活動については学級活動（学校給食に係るものを除く。）に限る。）の授業は、年間35週（第1学年については34週）以上にわたって行うよう計画し、週当たりの授業時数が児童の負担過重にならないようにするものとする。ただし、各教科等や学習活動の特質に応じ効果的な場合には、これらの授業を特定の期間に行うことができる。なお、給食、休憩などの時間については、学校において工夫を加え、適切に定めるものとする。

2　特別活動の授業のうち、児童会活動、クラブ活動及び学校行事については、それらの内容に応じ、年間、学期ごと、月ごとなどに適切な授業時数を充てるものとする。

3　各教科等のそれぞれの授業の1単位時間は、各学校において、各教科等の年間授業時数を確保しつつ、児童の発達段階及び各教科等や学習活動の特質を考慮して適切に定めるものとする。

4　各学校においては、地域や学校及び児童の実態、各教科等や学習活動の特質等に応じて、創意工夫を生かし時間割を弾力的に編成することに配慮するものとする。

第5　指導計画の作成等に当たって配慮すべき事項

1　各学校においては、次の事項に配慮しながら、学校の創意工夫を生かし、全体として、調和のとれた具体的な指導計画を作成するものとする。

  (1)　各教科等及び各学年相互間の関連を図り、系統的、発展的な指導ができるようにすること。

  (2)　学年の目標及び内容を2学年まとめて示した教科については、当該学年間を見通して、地域や学校及び児童の実態に応じ、児童の発達段階を考慮しつつ、効果的、段階的に指導するようにすること。

  (3)　各教科の各学年の指導内容については、そのまとめ方や重点の置き方に適切な工夫を加えるとともに、教材等の精選を図り、効果的な指導ができるようにすること。

  (4)　児童の実態等を考慮し、指導の効果を高めるため、合科的・関連的な指導を進めること。

2　以上のほか、次の事項に配慮するものとする。

  (1)　学校生活全体を通して、言語に対する関心や理解を深め、言語環境を整え、児童の言語活動が適正に行われるようにすること。

  (2)　各教科等の指導に当たっては、体験的な学習や問題解決的な学習を重視するとともに、児童の興味・関心を生かし、自主的、自発的な学習が促されるよう工夫すること。

  (3)　日ごろから学級経営の充実を図り、教師と児童の信頼関係及び児童相互の好ましい人間関係を育てるとともに児童理解を深め、生徒指導の充実を図ること。

  (4)　各教科等の指導に当たっては、児童が学習課題や活動を選択したり、自らの将来について考えたりする機会を設けるなど工夫すること。

  (5)　各教科等の指導に当たっては、児童が学習内容を確実に身に付けることができるよう、学校や児童の実態に応じ、個別指導やグループ別指導、繰り返し指導、教師の協力的な指導など指導方法や指導体制を工夫改善し、個に応じた指導の充実を図ること。

  (6)　障害のある児童などについては、児童の実態に応じ、指導内容や指導方法を工夫すること。特に、特殊学級又は通級による指導については、教師間の連携に努め、効果的な指導を行うこと。

  (7)　海外から帰国した児童などについては、学校生活への適応を図るとともに、

外国における生活経験を生かすなど適切な指導を行うこと。

(8)　各教科等の指導に当たっては、児童がコンピュータや情報通信ネットワークなどの情報手段に慣れ親しみ、適切に活用する学習活動を充実するとともに、視聴覚教材や教育機器などの教材・教具の適切な活用を図ること。

(9)　学校図書館を計画的に利用しその機能の活用を図り、児童の主体的、意欲的な学習活動や読書活動を充実すること。

(10)　児童のよい点や進歩の状況などを積極的に評価するとともに、指導の過程や成果を評価し、指導の改善を行い学習意欲の向上に生かすようにすること。

(11)　開かれた学校づくりを進めるため、地域や学校の実態等に応じ、家庭や地域の人々の協力を得るなど家庭や地域社会との連携を深めること。また、小学校間や幼稚園、中学校、盲学校、聾学校及び養護学校などとの間の連携や交流を図るとともに、障害のある幼児児童生徒や高齢者などとの交流の機会を設けること。

■持続可能な開発のための教育（ESD）に関するグローバル・アクション・プログラム（文部科学省・環境省仮訳）

序論

1.　持続可能な開発は政治的な合意、金銭的誘因、又は技術的解決策だけでは達成できない。持続可能な開発のためには我々の思考と行動の変革が必要である。教育はこの変革を実現する重要な役割を担っている。そのため、全てのレベルの行動によって持続可能な開発のための教育（ESD）の可能性を最大限に引き出し、万人に対する持続可能な開発の学習の機会を増やすことが必要である。持続可能な開発のための教育に関するグローバル・アクション・プログラムは、この行動を生み出すためのものである。本文書は、グローバル・アクション・プログラムの枠組みを示すものである。

2.　教育は、長年にわたり持続可能な開発において重要な役割を担っていると認識されてきた。教育の向上及び再方向付けは、1992年にリオデジャネイロ（ブラジル）で開催された国連環境開発会議にて採択されたアジェンダ21の目標の一つであり、その第36章では「教育、意識啓発及び訓練の推進」について示している。持続可能な開発へ向けた教育の再方向付けは、2002年のヨハネスブルグ（南

アフリカ共和国）の持続可能な開発に関する世界首脳会議の後に宣言された国連
持続可能な開発のための教育の 10 年（DESD・2005 ～ 2014 年）の下、多くの取
組の焦点となった。さらに教育は国連気候変動枠組条約（1992 年）及び生物多様
性条約（1992 年）、国連砂漠化対処条約（1994 年）という、重要ないわゆるリオ
3 条約の要素である。

3. 2012 年にリオデジャネイロ（ブラジル）で行われた国連持続可能な開発会議（リ
オ + 20）の成果文書である「我々が望む未来（The Future We Want)」におい
て、加盟国は、「ESD を促進すること及び DESD 以降も持続可能な開発をより積
極的に教育に統合していくことを決意すること」に合意した。ESD に関するグ
ローバル・アクション・プログラムはこの合意に応え、DESD のフォローアップ
を実施するものである。本件プログラムは、様々なステークホルダーとの協議及
びインプットを基に作成されている。これは、DESD のフォローアップであると
同時に具体的かつ明確なポスト 2015 年アジェンダへの貢献となるものである。

4. DESD は、これまで ESD の認識向上に成功し、世界中のステークホルダーを動
員し、国際協力の基盤を作り、政策に影響を与えて国レベルのステークホルダー
の連携に貢献し、教育及び学習の全ての分野において多くの具体的な優良事例と
なるプロジェクトを生み出してきた。同時に、多くの課題も残されており、それ
は ESD の成功事例の多くは限られた時間枠と予算の範囲内で運用されているに
過ぎない、ESD の政策と実践が適切にリンクしていない、教育及び持続可能な開
発のアジェンダの主流に ESD が盛り込まれていないといったものである。さら
に、持続可能な開発の課題は DESD の開始から更に緊急性を帯びてきており、グ
ローバル・シチズンシップの促進の必要性等の新たな懸念が表面化してきている。
したがって、ESD の行動の拡大が必要とされている。

原則

5. グローバル・アクション・プログラムは、ESD の政策及び実践を網羅している。
このグローバル・アクション・プログラムの文脈において、ESD は以下の原則に
従うものとして理解されている。

  (a) ESD は、現在と将来世代のために、持続可能な開発に貢献し、環境保全及び
  経済的妥当性、公正な社会についての情報に基づいた決定及び責任ある行動を
  取るための知識、技能、価値観及び態度を万人が得ることを可能にする。

  (b) ESD は、持続可能な開発の重要な問題が教育及び学習に含まれることを伴

い、学習者が持続可能な開発の行動へと駆られるような、革新的な参加型教育及び学習の方法を必要とする。ESD は批判的思考、複雑なシステムの理解、未来の状況を想像する力及び参加・協働型の意思決定等の技能を向上させる。

(c) ESD は、権利に基づく教育アプローチを土台としている。これは、質の高い教育及び学習の提供に関係して意義のあることである。

(d) ESD は、社会を持続可能な開発へと再方向付けするための変革的な教育である。これは、教育及び学習の再構成と同様、最終的には教育システム及び構造の再方向付けを必要とする。ESD は教育及び学習の中核に関連しており、既存の教育実践の追加的なものと考えられるべきではない。

(e) ESD は、統合的で均衡の取れた全体的な方法で、持続可能な開発の環境、社会、経済の柱となるものに関連している。また、同様に、リオ＋20 の成果的文書に含まれる持続可能な開発の包括的なアジェンダにも関連しており、中でも貧困削減、気候変動、防災、生物多様性及び持続可能な消費と生産の相関的な問題を含んでいる。ESD は地域の特性に対応し文化多様性を尊重している。

(f) ESD は、フォーマル、ノンフォーマル、インフォーマルな教育、そして幼児から高齢者までの生涯学習を網羅している。したがって、持続可能な開発に向けた広範囲な取組の研修及び普及啓発活動も含む。

(g) このグローバル・アクション・プログラムで使用される ESD という言葉は、その活動自体が ESD という言葉を使用しているかどうか、若しくはその歴史及び文化的背景や環境教育、持続可能性の教育、グローバル教育、発展教育等の特定の優先的な分野にかかわらず、上記の原則に沿った全ての活動を含むものである。

目標（ゴール）と目的

6. グローバル・アクション・プログラムの全体的な目標（ゴール）は、持続可能な開発に向けた進展を加速するために、教育及び学習の全てのレベルと分野で行動を起こし拡大していくことである。このゴールは、さらに、教育セクターに直接関係する目的と、セクターを越えた目的の二つの下位目的がある。

(a) 全ての人が、持続可能な開発に貢献するための、知識、技能、価値観、態度を習得する機会を得るため、教育及び学習を再方向付けすること。

(b) 持続可能な開発を促進する全ての関連アジェンダ、プログラム及び活動において、教育及び学習の役割を強化すること。

優先行動分野

7. グローバル・アクション・プログラムは、戦略的な焦点及びステークホルダーのコミットメントを可能にするために、五つの優先行動分野に焦点を当てている。DESD の成功及び課題、「未完の事業」に基づいたこの行動分野は、ESD アジェンダの促進のための重要なポイントであると考えられる。教育と持続可能な開発の全てのレベル及び分野における ESD の行動が奨励されているが、このグローバル・アクション・プログラムに基づく行動は、特に下記の分野と戦略目標に焦点を当てている。

政策的支援（ESD に関する政策的支援）

8. ESD を教育と持続可能な開発に関する国際及び国内政策へ反映させる。フォーマル、ノンフォーマル、インフォーマルな教育及び学習において、持続可能な開発のための教育及び学習を引き出し、ESD のアクションをスケールアップするためには、それを可能にするような政治環境が重要である。適切で一貫性のある政策は、参加型のプロセスに基づき、省庁間及び部門間で協調し、市民社会、民間セクター、学術界及び地域コミュニティと連携しながら作成されるべきである。政治環境を整えることは、実施と適切にリンクしていなければならず、特に次のことが必要である。

(a) 教育分野の全て若しくは一部を定める教育政策に ESD を計画的に取り入れること。これは、カリキュラム及び国家的な基準、学習結果の基準を設定する指標となる枠組み等に ESD を導入することを含む。また、ESD を国際教育アジェンダの重要な要素として取り入れることも含む。

(b) 持続可能な開発の重要な課題に関する政策に ESD を計画的に取り入れること。これは、リオ 3 条約がコミュニケーション、教育、研修、意識啓発を重要な役割とみなしているのに則して、3 条約に関連する国内の政策に教育及び学習の役割を反映させること等を含む。また、ESD を持続可能な開発に関する国際的なアジェンダに取り入れることも含む。

(c) ESD は二国間及び多国間の開発協力枠組みの分類要素である。

機関包括型アプローチ（ESD への包括的取組）

9. 全てのレベル（at all levels）と場（in all settings）において ESD の機関包括型アプローチを促進する。機関包括型アプローチあるいは組織全体でのアプロー

チは、教授内容や方法論の再方向付けだけではなく、コミュニティにおける機関と持続可能な開発のステークホルダーとの協力と同様、持続可能な開発に則したキャンパスや施設管理においても求められるものである。これに関しては、高等教育及び中等教育学校で著しい成果が見られる。このような成果を就学前教育、技術・職業教育、ユース・成人に対する教育・訓練及びノンフォーマル教育等の他のレベル及び種別の教育にも拡大し、強化する必要がある。機関包括型アプローチの促進のためには、特に次のことが必要である。

(a) 組織全体でのプロセスが、リーダー、教員、学習者、管理者等の全てのステークホルダーが協働して機関全体で ESD を実施するためのビジョンと計画を作り上げることを可能にする方法で編成されること。

(b) 再方向付けを支援するため、機関に対して技術的支援及び可能で適切な範囲の財政支援を行うこと。これは、関連する研究と同様、関連する優良事例やリーダーシップ及び行政に対する研修、ガイドラインの開発等を含む。

(c) 既存の関連機関同士のネットワークが、機関包括型アプローチに関するピア・ラーニングのような相互支援を容易にし、適応のモデルとして機関包括型アプローチを推進しその認知度を高めるために動員され促進される。

教育者（ESD を実践する教育者の育成）

10. ESD のための学習のファシリテーターとなるよう、教育者、トレーナー、その他の変革を進める人の能力を強化する。教育者は、教育変革を促し、持続可能な開発を学ぶ手助けするために最も重要な「てこ」の一つである。そのため、持続可能な開発及び適切な教育及び学習の方法に関する問題について、トレーナーやその他の変革を進める人と同様、教育者の能力を強化することが急務である。特に次のことが必要である。

(a) ノンフォーマル及びインフォーマルな教育の教員及びファシリテーターと同様、就学前教育・初等中等教育の教員養成及び現職教員研修に ESD を取り入れること。ESD を特定の教科分野に盛り込むことから始めたとしても、最終的には ESD が分野横断的な項目として統合されることにつながる。学校長に対する ESD の研修も含まれる。

(b) 職業技術教育訓練の教員養成及び現職教員研修に ESD を取り入れること。これは、グリーン・ジョブのための技能と同様、持続可能な消費と生産の方法に関する能力の強化を含む。

(c) 持続可能性の問題を教え、解決指向型の多分野にわたる研究を指導・監督し、ESD 及び持続可能な開発に関する政策立案の知識を与えるための能力向上のため、ESD を高等教育機関の学部教授陣の研修に取り入れること。

(d) 例えば資源の効率化及び社会的責任や企業責任等の持続可能な開発の観点が、大学院教育及び政策決定者、公共セクターの職員、ビジネスセクターの社員、メディアと開発の専門家、その他の持続可能な開発に関する分野別及びテーマ別専門家の能力の構築・研修の強化された方法に取り入れられること。これは、民間企業の社員に ESD の社内教育プログラムを実施するのと同様、ESD プログラムのトレーナー研修や管理職教育に ESD を導入すること等を含む。

ユース（ESD への若者の参加の支援）

11. ESD を通じて持続可能な開発のための変革を進める人としての役割を担うユースを支援する。ユースは、彼ら自身及びこれからの世代のためによりよい将来を形作ることに、深く関係している。さらにユースは、今日、特にノンフォーマルとインフォーマル学習で、ますます教育プロセスの推進者となっている。ESD を通じて変革を進める人としての役割を担うユースを支援するためには、特に次のことが必要である。

(a) 学習者中心のノンフォーマル及びインフォーマルなユース向けの ESD の学習の機会を充実させること。これは、ESD の e ラーニング及びモバイルラーニングの機会の発展と充実等を含む。

(b) 地球規模、国内、地域の持続可能な開発のプロセスにおいて、変革を進める人としてユースが行動するための参加型技能が、フォーマル及びノンフォーマルな ESD 及び ESD 以外の教育プログラムの明確な焦点となること。

地域コミュニティ（ESD への地域コミュニティの参加の促進）

12. ESD を通じた地域レベルでの持続可能な開発の解決策の探求を加速すること。持続可能な開発の効率的・革新的解決策は、しばしば地域レベルで開発されている。例えば、地方自治体、NGO、民間セクター、メディア、教育と研究機関、個々の市民の間でのマルチステークホルダーの対話と協力は重要な役割である。ESD はマルチステークホルダーの学習とコミュニティの関与を支援し、地域と海外をつなげる。持続可能な開発の教育及び学習を最大限に活用するためには、地域レベルの行動促進が必要である。このためには特に次のことが必要である。

(a) マルチステークホルダーの持続可能な開発の学習を容易にする地域のネットワークは、開発、改善、強化されること。これは、既存のネットワークの多様化及び拡大により、先住民のコミュニティを含む新たなより多様なステークホルダーの参加等を含む。

(b) 地方機関や地方自治体は、持続可能な開発の学習の機会を設ける役割を強めること。これは、コミュニティ全員に対する持続可能な開発のノンフォーマル及びインフォーマルな学習の機会の提供と支援と同様に、必要に応じて、地域レベルで ESD を学校教育に取り入れる支援等を含む。

（以下、13. ～ 19. は省略する：https://www.mext.go.jp/unesco/004/1345280.htm）

■ 著者紹介

冨澤　美千子　（とみざわ　みちこ）

横浜美術大学美術学部教授、同大学教職課程主任　博士（文学）
専門は、教育学、教育思想史、カリキュラム研究
大阪大学大学院人間科学研究科臨床人間学講座教育人間学専攻博士前期課程
修了
奈良女子大学大学院人間文化総合科学研究科社会生活環境学専攻博士後期課
程修了

著書
『野村芳兵衛の教育思想 ― 往相・還相としての「生命信順」と「仲間作り」―』
　単著・春風社・2021 年
『学びあう食育 ― 子どもたちのニュースクール ―』共著・中央公論新社・
　2009 年
『子どもの側に立つ学校 ― 生活教育に根ざした主体的・対話的で深い学びの
　実現 ―』共著・北大路書房・2017 年
『教育の知恵 60』共著・一藝社・2018 年
『教職概論』共著・大学教育出版・2020 年
『拡張的学習と教育イノベーション　活動理論との対話』共著・ミネルヴァ書
　房・2022 年

子どもたちの創造力を育む総合的な学習の時間

2021 年 9 月 20 日　初版第 1 刷発行
2024 年 12 月 3 日　初版第 3 版発行

■ 著　　者───冨澤美千子
■ 発 行 者───佐藤　守
■ 発 行 所───株式会社 大学教育出版
　　　　　　　　〒 700-0953　岡山市南区西市 855-4
　　　　　　　　電話（086）244-1268　FAX（086）246-0294
■ 印刷製本───モリモト印刷 ㈱

ISBN978-4-86692-147-1